U0755227

学前教育音乐教学理论与教学实践研究

周凌雁　著

吉林摄影出版社

·长春·

图书在版编目(CIP)数据

学前教育音乐教学理论与教学实践研究/周凌雁著

.--长春:吉林摄影出版社,2023.3

ISBN 978-7-5498-5759-3

Ⅰ.①学… Ⅱ.①周… Ⅲ.①音乐课-教学研究-学

前教育 Ⅳ.①G613.5

中国国家版本馆 CIP 数据核字(2023)第 047873 号

学前教育音乐教学理论与教学实践研究

XUEQIAN JIAOYU YINYUE JIAOXUE LILUN YU JIAOXUE SHIJIAN YANJIU

著　　者:周凌雁

出 版 人:车　强

责任编辑:岳青霞

开　　本:787mm×1092mm　1/16

字　　数:250 千字

印　　张:10

版　　次:2024 年 1 月第 1 版

印　　次:2024 年 1 月第 1 次印刷

出　　版:吉林摄影出版社

发　　行:吉林摄影出版社

地　　址:长春市净月高新技术产业开发区福祉大路 5788 号

　　　　邮编:130118

电　　话:总编办:0431－81629821

　　　　发行科:0431－81629829

印　　刷:北京市兴怀印刷厂

ISBN 978-7-5498-5759-3　　　　定　　价:48.00 元

版权所有　侵权必究

前　言

　　音乐不是虚无飘缈的存在,而是个体生命表达的方式,表达的方式不仅仅是唱出来,还有学会倾听、随音乐律动等,这些都是个体亲近音乐的方式。通过音乐和幼儿一日生活的有机结合,让音乐满足幼儿的精神需要,熏陶、滋养幼儿的心灵。

　　随着新课程教育教学改革浪潮奔涌向前,以及其在教育界掀起的波涛,学前教育便成为众多教育者关注的重点。为了增加自己对学前音乐教学的认知,在认真研究学前幼儿音乐教学现状的基础上,本书从学前音乐教育的对象与特性介绍入手,针对学前儿童音乐教育的基本理论、学前儿童音乐教育体系与流派进行了分析研究;另外对学前音乐教育的实践经验与培养、学前教育音乐教学实践——歌唱、韵律、表演、游戏做了一定的介绍;还对学前教育音乐教学的中"教"与"学"的创新展开相关研究,以期在提升自身的专业实力,为学前音乐教学进步添砖加瓦。

　　本书共分八章,第一章阐述了学前音乐教育的对象与特征。第二章探究了学前儿童音乐教育的基本理论。第三章分析了学前儿童音乐教育体系与流派。第四章阐述了学前音乐教育的实践经验与培养。第五章论述了学前教育音乐教学实践。第六、七、八章分别阐述了学前教育音乐教学实践的韵律、表演、游戏的具体内容。

　　由于作者水平有限和撰写时间仓促,本书的疏漏与不当之处在所难免,恳请专家、同仁批评指正,以便更好地提高和改进。

作　者
2021 年 12 月

目　录

第一章 学前音乐教育的对象与特性

第一节 学前儿童的音乐心理特征

一、三大系统与三个阶段

(一)三大系统

加登纳曾经说过,要想理解儿童的艺术发展就需要理解生命过程中的三大系统:制作系统、知觉系统和感受系统。制作系统的产物是行动,行动是指向目的的,而不只是单纯的身体运动;知觉系统的产物是识别,从音乐学习的角度方面来观察,这种识别是对各种音乐形式样式的辨别、确认;感受系统的产物是情感,从音乐学习的方面来看,这种情感可以包括任何有关儿童的情绪、情感反应,如从微小到夸张的快乐、从舒展到紧张的状态等,但无论是怎样的情绪、情感反应,都是有助于参与的。针对儿童的音乐学习,对于感受系统需要从两个角度来理解:一是儿童直接体验到了音乐作品本身所具有的情感表现性,在体验音乐作品的过程中,儿童的感受系统功能得到了最好的发挥,儿童的音乐学习肯定是愉快的;二是儿童被教师等教育者所提供的道具、游戏方法所吸引,学习的兴趣被提起,在心情很愉悦的前提下不知不觉地进入音乐学习的状态,这时儿童的感受系统功能也在积极地发挥着作用。如果教师等教育者在给儿童提供愉悦的学习环境的前提下,能同时发挥儿童的知觉系统与制作系统的功能,那么这样的音乐学习状态与结果就是最符合我们预期目的的。

(二)三个阶段

加登纳经过在几种艺术领域中的长期研究,最后把儿童从出生到青年期(20 岁)的审美知觉发展分为五个阶段。由于我们的研究只涉及早期儿童,所以这里只介绍加登纳在 20 世纪 70 年代初的研究成果,当时加登纳以年龄为划分标准,将儿童的艺术感知发展分成三个不同的阶段。

第一阶段为 0~1 岁,这一阶段又被称为前符号阶段。处在这一阶段的儿童的艺术知觉特征主要是感官原动性,也就是说,这一时期的儿童,他们的知觉能力和艺术知觉能力还属于一个整体,二者的分化还不是很明显,艺术品的呈现只是作为一般的刺激物,只是起到促进儿童一般感知能力发展的作用,儿童还不能把艺术品当作审美对象。在这一阶段中,儿童对艺术品所有的好恶都是根据本能来判断的。

第二阶段为 2～7 岁之间,我们还可以将这一阶段分成三个不同的小的阶段,第一个小阶段主要是符号系统,这种系统是沉浸在符号媒介中产生的,它在音乐学习中的表现主要是:对非句法样式音乐的学习,对基本节奏的学习以及对音调的学习,这里所说的音调指的是与经验情景有一定联系的音调旋律。第二个小阶段主要是将符号在探索的过程中进行扩大处理。在音乐学习中的表现主要是:歌唱能够灵活地进行,能够试验性地进行演奏,在学习和欣赏的过程中能够对音乐的主题有把握。第三个小阶段主要是审美形式感的出现、发展和形成。在音乐学习中的表现主要是:对音乐形式方面的某些特征特质能够熟练掌握。处于第三个小阶段的儿童,他们的艺术知觉的特征已经发生变化,不再只是简单地以"直接知识"为工具来看待和理解周围的人和事,而是能够以符号为工具,间接地来理解周围的人和事。从音乐学习这方面来分析,处于第三个小阶段的儿童,他们的兴趣主要在于音乐作品的主题,也就是歌曲的内容,而歌曲作品的风格特点等要素,他们比较容易忽略。

第三阶段指的是 8 岁以后的年龄。这一时期是非常关键的,儿童有可能继续进步,同时也有可能止步不前。8 岁以后的时间是儿童开始艺术发展的时间,与 8 岁以前是截然不同的存在。如果儿童在 8 岁以前对于音乐的经验就非常熟练的话,那么他们在 8 岁以后的发展就是非常顺利的,而且收获也会很大,同时他们在音乐上也会变得越来越有自信,在音乐方面的学习,其深度和广度也是前所未有的。获得并掌握基本的音乐经验之后,这些儿童的具体表现一般为:在对音乐的形式特点等有了一定的了解并能够确认的时候,可以在此基础之上进行自身音乐的制作,其过程也是非常自如的,不显磕绊,同时在此过程中还能够自由地抒发自身对于音乐的情绪和情感。有人认为,8 岁以前,是积累音乐经验的时间,就像盖房子,首先需要把盖房子的材料都准备齐全,同时需要将房子简单的框架改好。8 岁以后是深化音乐经验的时间,也就是说,8 岁以后可以开始对盖好的房子进行检查和装修。

令人遗憾的是,4 岁以后的儿童由于在人格发展上出现自我意识快速增强、自我批判意识已经形成等特征,因此许多儿童的艺术表现从这一年龄阶段开始大踏步地退化,表现为知觉能力、感受能力的丧失,制作与创作兴趣的丧失,从而远离艺术。艺术感退化的儿童用制作陶瓷品的比喻来解释,就是没有在 4 岁以前制作成陶瓷品的泥坯,在音乐经验上没有达到量的积累,4 岁以前对音乐的感知、感受、制作过程没有成为音乐经验的获得过程。

二、学前儿童音乐心理的发展特征

(一)舒特—戴森归纳的年龄特征

0～1 岁:能够对听到的声音做出本能的反应。

1～2 岁:能够自发、本能地唱出自己和歌曲不同的"创作"。

2～3 岁:能够对听到的音乐进行模仿,然后片段地唱出来。

3～4 岁:能够对听到的旋律轮廓有所感知。这一时期学习某种乐器是最能够事半功倍的,可以培养儿童绝对的音高感。

4～5岁:对音高、音区等音乐元素能够非常轻松地辨别出来,同时对简单的节奏也能够进行辨别和模仿。

5～6岁:能够将不同效果的声音进行分辨,能够从不是特别复杂的旋律以及节奏型中听辨出相同的部分。

6～7岁:歌唱的时候,音高已经有一定的准确度,认识到调性的重要性,能够明白有调性的音乐比没有调性的音乐要好听很多。

舒特—戴森的归纳是以欧美儿童音乐发展的情况为背景的,只突出了儿童音乐发展过程中最主要的一些特征,概括性比较强,但是对整体把握儿童音乐发展的脉络,对观察与描述我国儿童音乐发展的历程还是有一定的参考价值与启发的。

(二)知觉与制作的发展特征

儿童音乐能力的发展与儿童在其他学科、艺术门类能力的发展上具有一个独特的差异,即音乐智能确实具有遗传性。一个3岁儿童的音乐歌唱能力、创作能力可以超越许多成年人,这种现象在其他学科、艺术门类中是非常少见的。但是,我们研究的学前儿童音乐发展与音乐教育是针对普通儿童的。虽然发现天才音乐儿童是音乐教师当仁不让的职责,但是让普通学前儿童顺利获得其年龄阶段所应该获得的音乐经验才是我们工作的核心。因此,下面描述的学前儿童音乐发展的心理特征是针对普通儿童的,是学前儿童音乐发展的常规水平。

1. 音乐旋律知觉与歌唱

在歌唱的音高方面,儿童在12～18个月的时候,对音高还没有概念,唱出来的音高也是模糊不清、非常不成调的;19个月以后,儿童在歌唱的过程中,其音高开始逐渐明朗,二度以及小三度音程开始逐渐变得清晰;年龄在17～23个月之间的儿童,能够唱得准的音里面,绝大多数还是二度音程,但是,随着年龄的增长,其音程的跨度也在逐渐增加;儿童的年龄在两岁半左右的时候,他们的歌唱已经开始出现比较清晰的四度、五度音程,但是大二度与小三度仍然是歌唱中最为清晰的音程。

在音高辨别(旋律知觉能力)方面,3～4岁的儿童在对跨度比较大的如八度以及八度以上的音程已经能够很好地进行辨别;4～5岁的儿童在对跨度相对较小的如五度以及五度以上的音程,已经能够很好地进行辨别,同时,对于熟悉的歌曲,他们还能够只根据前奏就能判断出歌曲的名字;5～6岁的儿童,对于三度音程的听辨已经能够轻松掌握,此外,对于熟悉的歌曲,已经能够根据歌曲的前奏、间奏说出歌曲的名字;7～8岁的儿童已经能够在实验的过程中将全音、半音以及四分之一音之间的音高差别完全区分出来,分辨音高的能力在7～8岁之间已经开始发展成熟。

在对旋律轮廓线的歌唱上,3岁半左右的儿童已经能够将旋律轮廓线唱的比较规则。

在对旋律轮廓线的辨别上，5岁左右的儿童已经能够非常清晰地辨认级进的上行、下行旋律轮廓线，已经能够辨认跳进旋律轮廓线，但是仅仅能够辨认出大致的轮廓，还不能够辨认出准确的音程度数，因此他们在歌唱的时候音程的度数唱的不是很稳定。

2.节奏知觉与身体动作

在人体对节奏的感知以及动作的制作方面，儿童的年龄处于18个月的时候，开始有意识地让自己的身体动作与听到的歌曲在节拍上能够相合，儿童在4～5岁的时候，已经能够非常熟练地跟着歌曲打出简单的节奏型，大概两个到三个音。6岁的时候，儿童已经能够非常熟练地打出相对比较复杂的节奏型，大概三个到四个音。

在人体对歌曲中拍子的感知以及反应能力方面，3岁的幼儿的音乐活动最初是教师自己的歌唱表演，幼儿聆听或是伴随教师的歌唱做些有意思的固定位置的身体动作。身体动作包括根据歌词做固定位置的身体打击，也可以做一些走路的移动动作，随着节拍的进行走圆形队列。4岁的幼儿可以扩展到包括更复杂活动的圆圈队列的活动，如弯腰、转向，改变队列方向和同样一起行走等，也可以走出像螺旋形那样更复杂的队列。5岁的幼儿能够表演有情节的、多角色扮演的游戏，做出占据更大空间、更复杂的动作，可以走出两个圆圈的圆形队列、星状队列。

在幼儿的节奏感的发展状态（对节奏进行知觉与制作的能力）方面，3～4岁的幼儿能够运用大量的身体动作表演与打击乐演奏表演获得稳定的节拍感；4～5岁的幼儿可以通过快与慢的配合理解节拍，通过歌谣朗诵理解节奏型；5～6岁的幼儿已经能够理解歌曲的节奏型，能够独立完成快慢节拍的变换，理解节奏的主题、动机。

3.音色、力度、速度知觉与制作

（1）音色知觉与制作能力

对音色的注意早在婴儿时期就已经出现，但是婴幼儿对音色的知觉兴趣主要集中于日常生活中的音色，与音乐音响中的音色是有本质差别的，他们熟悉的动物叫声使他们兴趣浓厚，他们玩耍的物体所发出的声音让他们好奇心大发。对音乐音响中的音色来说，无论让幼儿分辨的是器乐音色还是声乐音色，幼儿感兴趣的还是那些反差大、能生动刻画事物的音色。

在音色知觉方面，3～4岁的幼儿能够辨别2～3种有鲜明对比度的人声或乐器声；4～5岁的幼儿能够更好地辨别不同的人声与乐器声；5～6岁的幼儿能够很好地识别不同的声音和人声。

（2）力度知觉与制作能力

儿童的年龄在3～4岁的时候，已经能够比较熟练地区分出声音的强弱，还能够准确地根据发声的音量、语气等因素分辨出声音的区别，如说、喊、唱以及说悄悄话等，辨别出之后，还能够用自己的嗓音进行模仿、表达；儿童在4～5岁的时候，能够区分出声音中的强弱，如讲话、唱歌、打击乐等,同时能够用自己的肢体语言以及歌唱等方式来表达出自己对这种强弱的感知;儿童在5～6岁的时候已经能够熟练辨别理解音乐中的强弱关系以及在发展过程中的变化。

(3)速度知觉与制作能力

儿童在3～4岁的时候,对于那种中速的、偏慢的或者偏快的音乐,能够用比较简单的肢体语言来配合;在4～5岁的时候,对于渐慢、渐快的音乐已经能够非常熟练地辨别出来,还能根据具体的音乐和现实情况来做出相应的肢体动作;在5～6岁的时候,能够听出音乐中的速度快慢的对比以及在此过程中的变化情况。在对歌曲速度的理解上,严格的匀速进行可能是幼儿最难以辨别和操作的。在歌唱的过程中,幼儿很容易越来越快或者越来越慢。

(三)音乐感受的特点

学前儿童的音乐感受与成人之间有着很大程度的差异,这种区别在哪里? 如果我们能够探明学前儿童对音乐中的什么感兴趣,那么我们的音乐教育就容易投其所好、有的放矢了。

第一,音量是幼儿对音乐感兴趣的第一个重要因素。这里所指的音量不是单纯地指音的强弱、声音大小,而是指丰富、完美、实体、令人异常愉悦、悦耳动听的音。总之,对幼儿来说,动听的声音是最吸引他们注意的。钢琴对幼儿产生吸引力,首先不是由于钢琴演奏出来的音乐作品而是由于钢琴能发出好听的声音,这些声音本身吸引着幼儿。这一研究结果给我们的学前儿童音乐教育带来的提示有以下几个方面:一是让幼儿在感知器乐作品时,教师有责任让幼儿听到最好的音响效果,那种劣质的音响源与音响设备阻碍了幼儿对音乐产生兴趣。二是让幼儿在感知器乐作品的过程中,教师应尽量少用嗓音,幼儿感兴趣的是丰满的音响效果不是教师唱出来的几句旋律。三是在歌唱学习中,教师发出悦耳的声音是非常重要的。如果教师歌唱的声音本身对幼儿缺少吸引力,那么歌唱学习使幼儿充满兴趣的愿望就比较不切实际。四是对打击乐器的演奏,幼儿感兴趣的是让他自己去探究如何发出好听的声音并演奏,而不是严格地按照教师所要求的拿乐器的方式、教师所要求的节奏型去打击。

第二,运动是幼儿对音乐感兴趣的第二个重要因素。换句话说,幼儿感兴趣的是让他用身体动作来感知、感受音乐。儿童音乐感是由身体肌肉感引领的,这一观点在音乐教育界已经达成共识。对幼儿来说,通过静坐倾听来感知音乐是不可能的,音乐感知、理解、解释的过程就是幼儿身体运动的过程。幼儿对节奏感兴趣是因为他能够跟着节奏做动作,也正是通过肌肉动作幼儿感知到了节奏;幼儿对旋律感兴趣是因为这种旋律能够被他唱出,也正是通过唱使幼儿对旋律有了自己的感知。

第三,音乐作品类型是幼儿对音乐感兴趣的第三个重要因素。儿童感兴趣的音乐作品类型是关于某些事情的音乐。例如,关于小动物、小河、小湖、小星星、树林的音乐,关于小熊一家、小朋友不听话、来了小客人的故事的音乐都会让幼儿感兴趣。总之,音乐必须有与幼儿生活相关的内容,这些内容吸引着幼儿。从音乐本体特性的角度来说,再现性的音乐是幼儿最喜欢的。因此,歌曲比器乐曲更能直接吸引幼儿,因为歌曲的歌词都是关于某些事情的,在所有歌曲中,具有故事情节的歌曲又是幼儿兴趣最高的,边歌唱边表演故事、扮演角色是幼儿莫大的享受。对于器乐曲来说,儿童感兴趣的首推有标题的音乐,因为音乐的标题往往把音乐内容的主题标示出来,幼儿可以根据标题展开联想、编造音乐有可能表达的故事。

三、学前儿童音乐学习的意义与制约条件

在了解学前儿童音乐教育的重要性的同时,我们更多地探讨的是学前儿童音乐教育的有效途径。

(一)意义

很多音乐观察研究曾经指出,音乐学习的关键年龄是 0 岁～8 岁或 9 岁,9 岁或 10 岁以后再进行音乐学习已经太晚。

音乐心理学家爱德华·戈登认为,音乐才能的发展大概是在 9 岁时达到平衡;道罗西·麦克唐纳在《儿童早期音乐教育》一文中指出,在 9 岁以后,像最基本的节奏技能,如保持一个稳定的节拍等,是不能有实质性的改变和提高的,所以早期的音乐体验对整个音乐能力的发展至关重要。

音乐教育界对关键期的强调、神经生物学对关键期的解释与音乐领域人才成长的事实是吻合的。我们知道,在世界音乐舞台上最负盛名的小提琴与钢琴等器乐演奏家,如雅沙·海菲兹、耶胡迪·梅纽因、伊扎克·帕尔曼,最有才华的作曲家莫扎特、贝多芬等人无一例外都是由于音乐禀赋与早期家庭音乐教育的合力,让他们有了得天独厚的"童子功",并为他们今后音乐事业的辉煌奠定了坚实的基础。

音乐学习关键期的观念凸显了学前儿童音乐教育的意义。一个国家放弃学前儿童音乐教育的重要地位,一个学前教育机构忽视学前儿童音乐教育的重要性,一个家庭无视学前儿童音乐学习需求的现象都是令人扼腕叹息的。

(二)制约条件

有些心理学家、艺术家都提到了儿童艺术能力的退化问题,这种退化现象一方面确认了艺术学习的最佳年龄是在早期,另一方面也说明了艺术学习并不是什么时候都可以,而是有制约条件的,符合条件的好的艺术教育才能促进儿童早期的艺术发展。

皮亚杰描述了这种退化现象,他曾经说过:"有两个悖反的事实使得所有习惯于研究心灵作用与儿童能力之发展的人惊讶。第一个事实是幼儿在绘画方面,在符号表达诸如造型方面与即兴加入那种组织好的集体活动方面,有时也在音乐方面比大一些的孩子更有天赋。如果我们研究一下儿童的理性功能和社交情感,那么发展便会或多或少地呈现为一种不断

的进步,而在艺术表达方面所获得的印象相反却不断地显出一种倒退……第二个事实与第一个事实是部分相同的,换言之,在艺术倾向方面建立起发展的正常阶段,比在心灵功能方面建立起发展的正常阶段要困难得多……没有那种培养这些表达手段和鼓励这类审美创造之表现的恰当的艺术教育,那么成人的行为以及学校生活与家庭生活便会在许多情况下压抑或破坏这种倾向,而不是去加强这种倾向。"

早期儿童艺术教育研究者需要解决的一个核心问题是:如何让 8 岁以后的儿童的艺术表达能力不退化。我们认为对于人格发展中已经形成较强的自我评价能力的 8 岁以后的儿童来说,艺术自信以艺术能力或艺术经验为支撑成为他们能像艺术家一样继续发表自己的艺术理解的关键。这句话的另一层意思是,儿童早期的艺术学习虽然表面上如火如荼,但是事实上很多时候只是利用了 8 岁以前儿童本能地喜欢艺术表达的年龄特征,几年的艺术学习并没有让儿童获得最基本的艺术经验,结果当儿童进入自我意识强烈唤醒的年龄期后,他们对没有艺术能力支撑的本能层面的艺术表达做出了否定的判断与评价,于是出现对艺术表达退避三舍的现象。因此,只有在音乐教育早期真正获得艺术经验的那部分儿童才能继续对自己的艺术表达充满自信,并朝着艺术经验的精致方向发展。

能获得音乐经验或能力的音乐学习显然不只是唱几首歌、演奏几首打击乐器的学习,也不是对大量音乐知识的学习,它是儿童的知觉、感受、制作系统交互作用形成合力的一种学习。在这种音乐学习中,儿童的兴趣或感受是第一重要的,是学习能够进行的前提,它把唱、身体动作、乐器演奏、即兴表演等制作经验与节奏、音色、力度、旋律、结构、速度、织体等音乐经验连接起来。当早期儿童感受的对象是艺术(音乐)符号时,他们必须通过运动或制作的方式与对象深入交互,即听音乐是用身体在听,需要摇摆身体,或听与身体动作交替出现。从早期儿童感受(情感)与运动(制作)交织不可分的特点来看,儿童的感受系统与制作系统只是在理论层面上才能分离。无论是感受还是制作,它们的内容都指向艺术形式。从音乐角度这方面来看,艺术形式是音乐形式八要素的形式样式,这些音乐形式样式是音乐经验的内核,但它们以再现性制作、表现性感受的方式存在,不指向这些音乐形式样式的感受很容易走向空洞与臆想,以及表面的热闹、非音乐性的表演。总之,没有感受与制作参与的音乐学习,儿童对它是比较反感的,音乐形式以其静止、孤立、枯燥的面目出现,会让儿童感觉索然无味;同样,没有以音乐形式样式为内核的感受与制作,看上去儿童在热热闹闹地学音乐,但实际上却没有后续效果。因此,儿童音乐经验的获得一定是三大系统的合理交织。

第二节　学前音乐教育作品的特性

一、本体特性

从简单主义出发,我们可以把音乐作品的本体特性分成三个不同的类型:形式特性、再现特性、表现特性。例如,巴赫的《钢琴十二平均律》、勋伯格的《木管五重奏》等乐曲,它们似乎特别关注句法与非句法关系的设计,似乎除了音乐形式本身之外确实很少有另外东西的介入。有的人把这种类型的音乐叫作"纯音乐",我们称这类音乐为"形式性音乐"。例如,埃林顿的《破晓快车》描述了一列"火车"慢慢地出站、加速、以稳定的速度行进、慢下来进站的"火车肖像",这样的作品是对现实最逼真的再现,我们称这类音乐为"再现性音乐"。但是,很难找出一种能极端地表现人类具体情感的音乐,因为对于音乐来说,做到这个很难。大体上来讲,所有的音乐都是"表现性音乐",无论是"纯音乐"还是最具模仿性的"再现性音乐",它们多多少少带有某种悲、喜、忧、平静、快乐等感觉,所以都具有表现成分。应该说,所有的音乐都是"表现性音乐",其中特别强调形式的那部分音乐我们把它归入"形式性音乐"的范畴,特别强调现实描述的那部分音乐我们把它归入"再现性音乐"的范畴,其余的那部分音乐我们把它归入"表现性音乐"的范畴。

（一）形式特性

音乐思维的基本单位是乐句（短句）而不是孤立的音,不以乐句为单位的音乐作品,本质上是有问题的,一般人是无法倾听下去的。这与语言学习中首先认单个字,然后组词,最后成句是完全不一样的。音乐作品的形式特性是指音乐作品中由句法与非句法因素组成的作曲或即兴的音乐设计。句法元素包括旋律、和声与节奏;非句法元素包括音色、织体、速度、曲式结构与力度。儿童在9岁以前一般对和声表现不出兴趣,不予关注,所以对幼儿园音乐教育活动来说,句法元素主要是旋律与节奏。但这并不意味着教师给幼儿的歌唱伴奏时可以不顾和声效果,幼儿对和声的和谐度可以不关注,但是使音乐变得更加动听是教师的义务,好听、欢欣、丰满的音响效果始终是幼儿的最爱。比如说,一段音乐演奏的乐器是萨克斯,那么这段音乐的音色就是由萨克斯音色组成的模型。一小段音乐是渐慢,另一小段音乐是匀速,再一小段音乐是渐快,所以这个曲子由速度的渐慢模型、匀速模型、渐快模型组成。

（二）再现特性

1.音乐作品再现性概述

音乐作品再现性是指音乐作品中的句法与非句法形式主要用来描绘或刻画人物、动物、地点、事件等客观现实的性质。音乐对客观现实的刻画有其自身的特点,这种特点可能与较少接触音乐的人的想法是完全相反的。例如,在听再现意味很浓的维瓦尔第《四季》组曲中的《夏季》时,你可能一直期望着能听到用语言所描绘的那种"夏季",结果却使你很失望。因为在这个作品中既不能让你"看"到也不能让你"读"到夏天的样子,更不能告诉你一个特别的夏季是什么样的,它只是传达了用音乐"语言"所刻画的夏季。因此,音乐作品中的再现性或再现内容是需要认真挖掘的,大多数再现性音乐作品的再现内容是很含蓄的,只是匆匆听一遍或两遍,在头脑中不会留下太多的东西。在一个短小的再现性音乐作品中可能比较容易找到一个可辨认的主题,我们总是寻找各种线索如题目、歌词等使主题得到确认。如钢琴套曲《图画展览会》中的《未出壳雏鸡的舞蹈》这首曲子,它的题目就可以直接成为我们理解音乐内容的主题,这个主题使我们在倾听音乐的过程中自觉地把音乐与未出壳的小鸡的形象对应起来。

再现性音乐作品有着一个宽泛的范围,如维拉洛波斯的《乡间小火车》可能是再现性音乐作品连续统一体的一端,我们可以听到一列"音乐火车"从慢速启动、匀速行驶到加速下山坡然后逐渐停下的"情境"。这个作品的题目帮助我们确认了主题,但是具有如此明确说明性质的音乐作品是非常少见的。当我们朝再现性音乐作品连续统一体的另一端行进的时候,我们发现大多数再现性音乐作品并没有能够被清晰辨认的主题。然而,在幼儿园音乐教学范围内,我们要尽可能寻找有比较清晰的能够被辨认的主题的再现性作品,因为音乐的再现性越具体,就越符合幼儿的音乐趣味。

2. 学前儿童再现性音乐作品的类型

因为所有的歌词总是在描述、叙说着什么,总是内含着一个主题,因此我们可以将所有的歌曲都定义为再现性音乐作品。符合幼儿趣味的歌曲往往有以下几个特点:一是歌词本身生动、具有儿童语言的口味,幼儿容易朗诵;二是歌词所描述的主题突出、故事性强,幼儿容易进行动作表演;三是旋律音调与词调吻合,幼儿容易歌唱。由于再现性的歌曲比较容易被理解,所以有关音乐作品再现性的讨论我们将着重于器乐曲。幼儿园再现性器乐类的音乐作品大概可以分为以下几个不同的类型。

第一种,句式规整、童趣盎然的再现性器乐曲。这类曲子本身具有鲜明的童趣,所再现的音乐内容的主题也比较容易辨认。音乐在刻画人物、动物或事件时,一般用三段、多段、回旋等曲式,在句式上非常强调重复、对比等组织手法。在幼儿园的器乐曲中这类曲子的数量比较多,管弦乐组曲《动物狂欢节》、钢琴套曲《图画展览会》中的曲子与交响童话《彼得与狼》都属于这一类。这些经典的儿童乐曲是我们重要的音乐资源,每一首曲子都值得我们去深度挖掘。

第二种,句式规整的再现性成人器乐曲。这种乐曲原本是为成人创作的,但儿童音乐工作者从这些作品中挖掘出儿童趣味,从而使其成为儿童音乐作品。这类作品与第一类作品在音乐性质上是相同的,也就是说,在刻画对象时,一般用三段、多段、回旋等曲式,在句式上非常强调重复、对比等组织手法。区别在于这类作品比较成人化,乍一听并不具有浓郁的儿童趣味,在音乐主题的辨认上也没有第一类那么明确。

第三种,句式不规整的再现性器乐曲。这类曲子由于其句式不规整,幼儿很难以拍子为背景按部就班地进行动作表演。但这类曲子往往形象非常鲜明,主题也很容易辨认,因此也很受幼儿喜欢,如《动物狂欢节》中的《大鸟笼》与《野蜂飞舞》属于这类乐曲。

3. 学前儿童音乐作品再现特性的挖掘

音乐"语言"是抽象的,即便是音乐作品中最"具体"的充满说明、描述的再现性音乐作品,其再现的内容也不是直接就能听到的。再现内容需要我们通过多次倾听、理性分析才能捕捉到,这就是我们所说的音乐作品的再现特性是需要挖掘的原因。对幼儿园音乐教师来说,挖掘音乐作品的再现内容一般可以采取以下两个步骤:第一步,曲式分析,旨在捕捉再现内容的音乐主题;第二步,动作表现,主要是为了诠释再现内容。

第一,句式规整、童趣盎然的器乐曲再现特性的挖掘。

第二,句式规整的成人器乐曲再现特性的挖掘。

第三,句式不规整的器乐曲再现特性的挖掘。

4.幼儿园音乐作品再现特性的形式规限

对音乐作品再现性的挖掘过程事实上就是处理音乐的再现性与形式性关系的过程,而这种关系就是张力。张力由一对对品质相异的范畴构成,如自由与规则、民主与集中、形式与再现等,教学目标只有是成对的,才会有张力。张力结构中的一对范畴的地位不是绝对式的平衡,而往往一个是我们追求的价值范畴,另一个是制约范畴或规限范畴。在张力结构中价值范畴是优先的,然而如果忽视了规限范畴,那么价值范畴的优先性也就不存在了。优先性与规限性同时实现,这就可以体现出张力的重要性。

(三)表现特性

1.音乐作品表现性概述

音乐作品的表现性是指音乐作品中的句法与非句法形式对人类情感、情绪的表达性质。对音乐表现性的理解,人们经常会感到困惑:一方面,在欣赏音乐时不得不承认音乐给予了他们情感上的体验;另一方面,又觉得音响是物理性的客体,怎么可能会有情感。对此,艺术心理学上给的解释是这样的:客观的物理现象与人的心理现象之间有一种"同形"关系。例如,柳树的形状(结构)让人觉得是"抽泣""悲伤"状,那不是柳树这一客观现象有情感,而是人们有了人在抽泣、悲伤时总是处于垂头、垂臂这样一个下垂姿态(结构)的经验后,使心中关于悲伤的姿态与柳树的姿态相吻合或"同形",柳树的姿态等同于心中关于人的悲伤的姿态,于是柳树就是"悲伤"的,它具有情感表现性。按照这个道理来说,当人们觉得音乐是悲伤的时,音乐的句法与非句法结构也就具有那种有关悲伤的"姿态"。例如,旋律型是下行的,速度是缓慢的,节奏型是疏松的等。所以,音乐"听起来悲伤"不是因为它唤醒我们的悲伤,而是因为我们辨认出在音乐样式中有与人们在日常生活中表现悲伤的语调、行为类似的东西。从这个意义上来看,我们可以知道,当一个人听音乐时痛哭流涕,恰好说明他已经离开音乐很远,进入他自己的思绪中去了。因为倾听音乐的情感表现是辨认出音乐中所表达的某种情感的样式,这时倾听者所具有的行动倾向是专注,是一种理智与情感的结合状态,而不是一种没有理智参与的情感崩溃。

对音乐所能表现的情感做出判断是没有明确原则的,可以确定的是,无论是对物理现象还是对心理现象的"情感"姿态,人们都具有大概的一致性。比如说,大家都会承认柳树的姿态更接近"悲伤"而不是"快乐",节奏轻快的音乐更接近欢乐而不是哀痛。音乐所能表现的情感可以分为两个不同的种类:一种是表现与人类的语调、动作姿态比较接近的情感;另一种是表现生命意义上的广泛的情感,如用紧张与释放、冲突与缓和等音乐模式表现生命的张弛、起落等。在幼儿园音乐教学范围内只涉及表现与人类的语调、动作姿态比较接近的第一种情感,表现生命张力的第二种情感离幼儿的情感经验太远,无法让幼儿理解。

2.幼儿园音乐作品表现性具有两种依附性

第一种,对形式性的依附。节奏、音色、力度、旋律、结构、速度、织体、风格,这八种音乐形式元素并不是像文字表达的一样可以将它们分离,在音乐中它们具有密切的联系,彼此交错,构成可供人们辨认的音乐样式,所以音乐的情感表现性很难被归类,音乐形式的各种元素之间的交错样式是多变的。鉴于此,幼儿园音乐作品表现性的挖掘也要比再现性难。

第二种,对再现性的依附。音乐表现性的挖掘就是音乐形式性的挖掘,直接让幼儿辨认音乐表现性等于让幼儿辨认音乐形式,这种辨认与幼儿的学习口味是格格不入的。然而情感不是孤立的,在我们的经验之中并不存在一个独立的、称之为情感的东西,情感总是依附于运动过程中的事件与物体。我们也可以理解为音乐的表现性是依附于音乐的再现性的,在我们挖掘音乐中的人物形象、动物形象、事件气氛等再现内容时,自然会体会到音乐中的情感表现性。例如,我们在表达未出壳的小鸡形象时,受乐曲速度较快、音区较高等形式的规限,表现的小鸡形象一定是轻松愉悦、喜气洋洋的,小鸡所具有的情感状态也就是音乐的情感状态,而这种情感状态在我们用动作表达小鸡啄壳、拱壳、碰壳时被表现得淋漓尽致。

音乐的表现性不只受形式性规限,还直接依附于形式性,这一特性决定了音乐表现性是比较抽象的;由于情感是依附于事件、人物与物体的,所以决定了音乐情感表现性也是依附于音乐再现性的。

3.幼儿园音乐作品的节奏型表现性

一般情况下,节奏、音色、力度、旋律、结构、速度、织体、风格的音乐形式元素的表现性是通过彼此交错、叠加呈现的,而且呈现的表现性以再现性的表演来完成。例如,慢速、低音区等音乐形式元素所表现的低闷情绪在表演笨重动物的形象时被同时呈现;快速、密集节奏型等音乐形式元素所能表现的欢快情绪在表演庆丰收的热闹场景时被同时呈现。但是,音乐形式元素中节奏型的情感表现是可以脱离其他元素被单独分离出来进行解析的。

第一,先密后疏节奏型的情感表现。

第二,紧凑与舒展节奏型的情感表现。

4.幼儿园音乐作品的情感表现需要的是行动表达而非语言描述

幼儿园音乐作品的情感意义基本上是通过再现性来表达的,因为情感不是空洞、孤零零的,它总是以事物与事件作为出现的前提。但是,音乐作品即便用再现的形式来表达,其表达的手段主要还是动作、打击乐演奏与歌唱,一定不是语言。在拍子的韵律中做合适的动作、演奏合适的句型、演唱歌曲都是音乐能力的体现,也是音乐经验形成的必经之路。如果喋喋不休地用语言来描述音乐,描述得再好也不是音乐能力,充其量是语言表达能力。因此,从幼儿的角度来看,学习与理解音乐的过程就是表演(动作、打击乐演奏、演唱)音乐的过程;对幼儿园音乐教师来说,教音乐的过程就是示范表演(动作、打击乐演奏、演唱)音乐的过程。目前在幼儿园音乐教学中,教师还是喜欢让幼儿用语言来表达音乐的表现性,如"这首曲子听起来怎么样啊? 是快乐的还是悲伤的?"当幼儿回答"快乐的"或者"悲伤的"以后,教师还继续要求幼儿用语言描述,幼儿说不出来,结果只好胡说八道了。事实上,音乐的情感表现性用语言表达也只能到此为止,再表达下去教师自己也只能胡说八道了。我们不是说音乐的表现性不能用语言表达,而是说用语言表达是次要的,一带而过即可,重点是用行动表达(动作、打击乐演奏、演唱)。

二、历史文化特性

从音乐作曲的角度来说,所有的音乐作品是作曲者在其音乐实践的特定历史中、在其生活的某个地方生产的,而不是凭空产生的;作曲者的"作曲"不是抽象、孤立的,而是具有具体的形式,如歌曲、电影插曲、舞蹈套曲、弦乐四重奏、交响乐、进行曲、歌剧等,每种作曲形式的实践具有长期以来建立与形成的模式与标准;作曲者引导与评价自己作曲活动最重要的方针是表演实践,作曲者一定要做到使自己的作品能被表演者与倾听者接受与理解。从音乐诠释的角度来说,音乐表演的成功依赖于对给定的曲子的所有相关纬度的理解:除了根据相关实践的标准与传统知道如何产生与表演音乐样式的句法与非句法结构外,还必须理解此作品是表现性的还是再现性的。如果这些方面都具有,那么表演者必须决定如何把这些纬度整合为一个整体。所以说,无论是音乐作品的创作还是表演都表明音乐是在历史文化发展中被生产与被诠释的,它不是绝对地无功利、自足的。在幼儿园音乐教育范围内,我们着重讨论幼儿园音乐作品的文化特性与实用特性。

（一）文化特性

1.文化概述

（1）文化的内涵

文化指应用各种方法的各种探究领域。它除了被运用于生物与物理性的发展外,还经常被社会学家、人类学家解释为一个民族的生活进行方式,其范围主要包括语言、习俗、一个具体社会群体的爱好等。从这个意义上说,所有的人应该都是被"文化着"的,因为每一个人属于或被引入某种人类社会。从人种志或产品的意义上来说,文化又是具体成就的实体。一个文化人是指他对某种文化产品具有见识。在给定的时间与地点内生存,一个群体必须适应与调整他们的物理、社会与形而上的环境。在这种"情境"感觉的范围内,一个群体的文化是在一个具体的时间与地点内为适应、生活、生长而分享的项目。

幼儿在幼儿园被"文化着"。首先从社会学、人类学意义上被"文化着"：幼儿被幼儿园从园长到所有教师的言行以及幼儿园的环境"文化着"；其次从产品意义上被"文化着"：幼儿被幼儿园集体与班级教师的个体所选择的文化产品"文化着"。

（2）多元文化的内涵

多元文化的含义指的是在一个公共的社会系统中不同的社会群体的共同存在。这是一个描述性的定义，它只是简单地指出文化的多样性。但是，多元文化也有一种评价感觉。它意味着一种社会理解，即在尊重与保留每种群体完整性的同时，支持一种为了不同群体之间进行交流从而取得整个群体更加丰富的一种政策。从这个意义上来理解，似乎说明当一个国家可能包含许多不同文化的时候，它要制定所有群体具有平等的法律、教育与经济机会的法律是困难的，但具有多元文化的国家都努力地做着这件事。多元文化这个词最适合在符合以下三个标准的国家或共同体内使用：①它必须呈现包括很多不同文化（种族的、经济的、年龄的）的文化多样性；②这些微文化要想共同生存必须有近似平等的政治、经济、教育机会；③作为一个社会组织可行系统和基础的多元文化主义的价值，必须有一个公共政策的承诺。

（3）多元音乐教育的内涵

不同的群体形成不同的文化，一个国家的文化是多元的，更不要说世界文化是多元的了。而音乐是人类制作的一种文化，从世界范围方面来分析，音乐的多元是毋庸置疑的。每种音乐都有孕育其生长的群体，如保加利亚风笛有着保加利亚风笛的制作者与听众；巴洛克合唱有着巴洛克合唱的制作者与听众；迪克西爵士乐有着迪克西爵士乐的制作者与听众；中国音乐有中国音乐的制作者与听众。因此，在特定群体中产生具有特定风格的音乐，反过来说，音乐风格是具有共同听觉特征的一个音乐群体所具有的，在这一群体中，音乐的制作者和听众拥有某些相同的音乐信仰、共识和偏好。除此之外，有的音乐分支之间联系紧密，有的联系不那么紧密，如美国的爵士乐受到西欧音乐传统的影响比较大，而印度的音乐就与西欧音乐相差甚远。如此看来，音乐实践与音乐实践、音乐与音乐之间存在层次、种类等的区分，如何厘定这些交织叠加的作为实践的音乐概念呢？埃利特通过改变"音乐"这个词的视觉形式很有创意地完成了这项任务。他把 music 这个词的视觉形式改成三个不同的类型：MUSIC（总体音乐），Music（个项音乐），music（作品音乐）。总体音乐是覆盖范围广泛的人的实践，它由无数种不同的音乐实践组成，其中每个都被称为个项音乐。其中的作品音乐指在特定环境中由音乐工作者的努力得到的结果的可听的声音事件、作品和可听内容。

因此，多元音乐的"音乐"是指 MUSIC，是指世界的总体音乐，强调世界范围内所有民族、群体的音乐都是独一无二的，不存在一种音乐比另一种音乐好的情况。换句话说，在不同的音乐实践之间无法进行比较，如舒伯特的歌曲与布鲁士或南非音乐之间是没有可比性的，在音乐与音乐之间没有更好但是有更合适。要尊重与深化自己民族的音乐，同时不排斥其他民族的音乐可能是对多元音乐内涵比较合适的理解。同理,对多元音乐教育的理解可能是这样的:在世界范围内音乐教育应该是多元的,每个民族都有保留与完善自己音乐文化的义务。反对文化霸权主义的行为,也就是说,反对把一种音乐文化作为权威向全世界范围内渗透与推广。但是,到了具体的国家、学校,音乐是指 Music,是指个项音乐,推行的当然是自己国家、自己民族习惯的音乐教育内容,不可能把全世界五花八门的个项音乐全都纳入自己学校音乐教育的范围,以此表示追求多元音乐教育的新理念,这是对多元音乐教育内涵的误解。多元音乐教育的含义指的是深入进行我们自己的传统音乐教育的内容,与此同时渗透一些旨在开阔学生多元视角的世界各地的音乐文化,但深入自己的音乐文化实践是首要的任务。

2.文化特性

当我们讨论幼儿园音乐作品的文化特性时,我们所指的幼儿园音乐作品是一种总称,指全部可能被选的音乐作品。换句话说,幼儿园音乐作品的文化特性就是指幼儿园如何合理、有比例地选择世界范围内的各种音乐。然而,在我们讨论幼儿园音乐作品的文化性选择时,其前提是所有音乐都符合幼儿的年龄特点,抛开幼儿的年龄特点与接受能力来谈多元音乐文化是无效的。

(1)幼儿园音乐作品的民族性

用中国的音乐"文化着"作为中国人的幼儿是我国幼儿园音乐教育工作者的使命,这不仅仅是文化本身的要求,同时也是文化的本质。从西北的花儿、安徽的黄梅戏、湖南的花鼓戏到闽西山歌、广东童谣,从新疆的纳兹尔库姆舞、广西的蚂蜴舞到云南的迎客舞、霸王鞭舞,都充分展现着我国民族民间音乐的丰富与别致。但是,这些具有中国民族民间特色的音乐素材不是全都能直接拿到幼儿园音乐教学中来的,很多音乐素材需要做大量的改编工作才能适合幼儿的年龄特点与接受能力。因此,幼儿园音乐作品民族性的重要性虽然已经得到重视,但是,现实是符合幼儿年龄特点与接受能力的民族音乐作品太少,不能满足文化民族性的要求。挖掘我国民族民间音乐素材、传承我国民族民间音乐是我国幼儿园音乐教育永远的追求,在这方面,我国目前欠缺的有很多,我们需要做的事情还有很多。

(2)幼儿园音乐作品的创作性

幼儿园音乐教师正在努力依靠自己的力量来为幼儿鲜活的日常生活话题作曲。通过聆听的方式及其他辅助手段体验和领悟音乐的真谛,从而得到精神愉悦的一种审美活动。传统的音乐教学忽略了对孩子音乐欣赏能力的培养,对幼儿的个性发展及创造力的培养有一定的局限性,而今音乐教育提倡适宜儿童个性,扩展创造性经验的音乐欣赏教育。

(3)幼儿园音乐作品的流行性

幼儿生活在一个具体的时代,他们一定会受到那个时代的文化潮流的影响,当下的幼儿受流行音乐的"洗礼"是时代的特征。在现代社会,我们会看到这样的情景:孩子们满怀"激情"地唱着《孤勇者》等流行歌曲,而像《丢手绢》《小燕子》《找朋友》等儿童歌谣似乎在逐渐远离孩子的音乐生活。在这种情景下,我们不禁会问:是不是我们给孩子的童谣、歌曲不够有趣生动,是不是我们呈现给孩子的音乐作品的音响效果不够精彩? 鉴于此,我们的回答是:一方面我们需要挖掘民族的、生动的儿童音乐作品;除此之外,我们也没有必要排斥流行音乐,选择恰当的流行音乐元素也是丰富幼儿园音乐材料资源的一股力量,把流行音乐中相对合适的内容经过改编后为幼儿所用,这种因势利导比强硬拒绝要好得多。

总之,综上所述,我国幼儿园音乐作品的文化特性其实质是民族性、现代传统性、创作性与流行性的协调与把握。对幼儿园音乐教育来说,对幼儿园音乐作品文化特性的理解也就是合理安排多元音乐教育的内容比例。在音乐作品符合幼儿年龄特点与接受能力的前提下,我们应多安排民族音乐作品,这是实施多元文化音乐教育最本质的体现。其原因主要有两方面的内容:一是深化本民族的音乐文化才是世界音乐的真正多元化;二是对具有多民族文化的我国来说,让幼儿接触我国各民族的音乐风格是一种多元的体现。我国学校音乐教育中传统的音乐教育内容是西方音乐作品,这部分音乐材料已经被反复挖掘、循环运用,对此我们没有必要去放弃。当民族性的作品越来越多、越来越精彩后,西方音乐作品的比例自然会减少。创作与流行改编的音乐作品作为新鲜元素只要合适就可以选用,但是对这类作品我们需要有一个鉴别、挑选的过程。

(二)实用特性

1.音乐自律概述

艺术的自律神话并不是脱离社会背景的空穴来风,它是具有一定的基础的。这个新时代的新意识形态的核心是所有人都是自由、平等和自足的。自律的社会意识形态很自然地孕育出艺术的自律或审美意识形态,它为人们提供了一个理想的、意识形态中立的精神空间。

2.实用性

音乐自律原则认为音乐是非功利的、纯粹的,所以对音乐作品的感知方式也应该是无利害、无功利的,对音乐作品的感知内容是艺术作品的表现特性,只有感知方式正确、感知内容正确才能获得审美经验。实际上,音乐也有功利即实用的一面,下面我们从四个方面来阐述幼儿园音乐作品的实用性。

(1)教育性

教育性是指音乐教育的终极目标是使幼儿获得经验积累或成为与自我、社会、自然和谐的人,这显然是幼儿园音乐作品最大的实用性。从自我的角度方面来分析,幼儿园的音乐教育活动要充分发挥幼儿的主体性,尽可能让幼儿主动学习,获得成功愉悦感,从而使幼儿具有自信的人格特征。从社会性的角度来看,幼儿园的音乐教育活动过程是一个尊重他人、彼此合作互动的过程,让幼儿意识到并乐意与他人相处,从而形成亲社会的人格特征,这也是学前儿童音乐教育的重要任务。

(2)说教性

用歌曲说教要比用语言说教更能起作用。

(3)知识性

在音乐学习的过程中,学习歌词中的知识,并通过熟唱歌曲来掌握这些知识也是音乐的一种功能。在需要的时候,歌曲学习也可以成为知识教学,当然这种学习不能成为音乐教育的主要内容。

(4)娱乐性

让幼儿参与音乐表演能够促进幼儿的音乐能力,因为音乐本来就是表演艺术,音乐能力就是在制作或表演中得到发展的。尤其是以家长为观众的、经常性的音乐表演对幼儿的音乐能力发展是有好处的,因为音乐经验也需要家庭环境的支持。

总之,综上所述,音乐是具有实用功能的,只是在发挥音乐实用功能的时候不要忘记音乐的实用性还是受音乐性规限的。如果不受音乐性规限,无限地去发挥音乐的实用功能,即把音乐教育完全变为说教的教育、娱乐的教育,那么音乐教育在学校教育中占据一席之地的独特性将随之瓦解,实用性也将成为音乐教育在学校教育中消亡的掘墓者。

第三节　学前音乐教育的教师角色

现代幼儿教育对教师角色的定位是:幼儿学习活动的支持者、合作者和引导者。教师应以关怀、接纳和尊重的态度与幼儿交往,在交往中耐心倾听,努力理解幼儿的想法和感受,支持、鼓励他们大胆探索和表达。教师在教学的过程中要善于在艺术、科学、社会等不同领域中发现幼儿感兴趣的事物,在幼儿的游戏和偶发事件中挖掘隐含的教育价值,并能够运用教育智慧及时把握时机,积极引导。

换言之,教师要关注幼儿在各领域活动中的表现和反应,敏感地察觉他们的需要,及时以适当的方式作出应答,形成有效的、合作探究式的师幼互动,尊重幼儿在音乐发展水平、音乐能力、音乐经验和音乐学习方式等方面的个体差异,真正实现因人施教,努力使每一个幼儿都能在音乐领域中体验满足和成功的快乐。要实现这种目的,就要求教师必须充分关注幼儿的特殊需要,了解幼儿的各种发展潜能,甚至不同的发展障碍,同时与家庭密切配合,共同促进幼儿健康成长。

当然,比上述内容更重要的是,要想完成学前儿童音乐教育任务,实现音乐教育目标,就必须合理有效地设计和组织好每一次音乐教育活动,将学前儿童音乐教育的目标具体落实到每一次音乐活动中去。这就要求教师自身必须具有较高、较强的音乐水平和能力,在音乐方面吹拉弹唱跳各种表演都能拿得起,最好具有一定的特长,尤其是钢琴演奏和自弹自唱要达到熟练、自如的水平;在音乐知识和对音乐的感受、理解能力方面也必须具有一定的基础。与此同时,在组织活动、设计教法、制作教具等方面要求教师注意积累教学经验,并且能够具有美术、文学等多方面的才能。

音乐教育一直是促进幼儿和谐发展的重要途径,也是衡量幼儿园教师教学能力的重要内容之一。因此,如何使音乐教育更加科学有效地促进每个幼儿的发展,是幼儿教育普遍关注的热点问题。

一、幼儿园教师的定位

目前,教师专业化发展已成为幼教界的热点问题和关键问题。幼儿园应注重培养适应性强的多技能型的高素质应用型人才。

《指南》和《纲要》对幼儿园和家庭实施科学的保育和教育,以及促进幼儿身心全面和谐发展方面提出了指导意见,也对幼儿园教师专业知识和教学能力进行了规范。《指南》和《纲要》是指导幼儿园教师教育、促进教师基本教学技能和能力建设的科学依据。《指南》指出,幼儿园教师是各领域教育教学的组织者,是幼儿身心发展的促进者。为了更好地推动音乐能力和幼儿的审美能力的培养,教师必须具备一定的知识、技能和素养,做好充分准备,开展学前儿童音乐教育。

二、幼儿园教师的音乐素养

音乐教育中,幼儿园教师是关键。幼儿园的音乐教育状况是由教师的音乐能力和素养决定的,这也是幼儿音乐能力得以发展的基础。由于地域的差异,以及幼儿园教师来源的差异、接受教育和培训的差异,教师的音乐能力和素养有很大不同。虽然我们强调幼儿园教师应当具备一定的音乐基础知识和能力,但并不是让幼儿园教师达到音乐专业的水平,不是让他们当演员,更不是让他们成为职业音乐人。幼儿园教师应掌握音乐理论知识,能够为幼儿选择音乐作品和材料,设计和组织幼儿园的音乐教育活动。

例如,小班的歌唱教学活动使用的《咏鹅》,是根据傣族风格的音乐曲调创作的歌曲(适合 3 岁左右的幼儿)。歌曲选自骆宾王的诗,诗句简单、形象,富有童趣。音域只有六度,第一句的“鹅”字从 m、s 两个音开始,符合二声平声上扬的特点,而且也符合儿童掌握音级的规律。这就要求幼儿园教师不仅仅要学习一些音乐概念,如什么是节奏、什么是 2/4 拍等,更要学会运用这些概念和知识进行歌曲分析。简单来说,就是要求教师听一段音乐后能够分析这段音乐的音高、节奏、结构和风格,能够掌握歌曲或者乐曲的主题、旋律等,甚至自己能够创编一些节奏组合运用到教学活动中去。

三、幼儿园教师应具备的音乐教育技能

根据幼儿园音乐教育的内容,教师的音乐表演技能包括科学发声法、律动、节奏与打击乐、作品分析和表演技能。

在幼儿园的音乐教学中,教师的歌唱技能具有很强的示范性,会影响幼儿的发声习惯和歌唱技能的掌握。

首先,教师需要掌握自然而科学的发声方法。科学的发声方法是歌唱的基础,只有掌握科学的发声方式,才能灵活自如地运用自己的声音,唱出美妙动听的歌曲。因此,科学的发声方法对幼儿的歌唱音准起到至关重要的作用。而教师自己能够掌握科学发声法,以及注重培养幼儿自然发声歌唱,将成为影响幼儿唱歌音准的重要因素之一。科学发声法包括歌唱的呼吸、发声、吐字咬字和共鸣,教师要引导幼儿将这几方面协调地运用在歌唱当中。

其次,在幼儿学习歌曲,感受旋律的过程中,教师的范唱起到至关重要的作用。在这个环节,不同的教师会选择不同的示范方式,如清唱示范,或是在另一名教师的伴奏声中演唱,或是在多媒体播放的伴奏声中范唱,再或是直接播放歌曲录音。研究表明,幼儿的音准状况在教师清唱示范下效果最佳。大多数幼儿能够基本准确地演唱整首歌曲,只是有个别音不是十分准确;有少数幼儿一些时候有曲调地唱,一些时候小声唱或没有唱。因此,教师在范唱时,应尽量采用清唱的方式,配合采用边弹边唱的方式。在实践中我们也发现,播放歌曲录音并不能较好地调动幼儿的积极性,相反,幼儿容易分心,对歌曲的兴趣逐渐减弱。

再次,在律动教学方面,教师要掌握身体各部位的基本形态与位置、手形与手的位置、脚形与脚的位置、舞姿和身体的基本方向。教师的律动技能包括律动教学中的示范、律动教学中的边讲边做、律动教学中的肢体语言、律动教学中的表情处理等。律动不同于舞蹈的用舞蹈语汇表现某一艺术形象,律动是用身体动作来表现音乐的节奏、旋律等各种要素的方式。例如,听《动物狂欢节》这首歌曲时,可以引导幼儿体验、感受音乐的各种要素,找出音乐与图案的对应关系,也可以即兴创造身体动作。教师和幼儿用身体做一个动作表现"狮子王""公鸡和母鸡"或"水族馆"等,教师要运用自己的律动技能进行示范、模仿等,从而培养幼儿用律动的方式表现音乐。

节奏是音乐的骨骼,也是儿童音乐教育的突破口,便于幼儿掌握。节奏方面的技能主要包括语言节奏、身体节奏、打击乐器和音乐游戏等。这里着重说一说语言节奏。在课堂开始时,一方面,可以将幼儿的姓名进行不同的排列组合,让幼儿可以自己创编,有节奏地朗诵出自己的名字,还可以在朗诵的游戏中认识彼此;另一方面,师幼之间的问好也可以创编成有

节奏的问好方式,以便幼儿能够在这个过程中体会创编节奏的快乐,也可以增强师幼之间的互动。在这个简单的名字朗诵游戏和师幼问好的方式中,幼儿能够体会到节奏的长短,更准确地说,可以用简单、直接的方法认识四分音符和八分音符,感受四分音符和八分音符时值的不同。我们在利用语言进行节奏朗诵教学时,可以举一反三;也可以利用古诗、手指游戏、童谣、儿歌等引导幼儿进行创编,不仅可以加入四分音符、八分音符,也可以加入十六分音符、休止符、切分音等。例如,常见的口头语言"小兔子乖乖"是前八后十六的节奏;"我是快乐的小马"是"八分音符＋八分音符＋八分音符＋四分音符"的节奏等,这样的儿歌,幼儿既熟悉也比较感兴趣,可以更好地帮助幼儿在没有音高的情况下感受各种音符组合的节奏。

最后,在音乐欣赏中,音乐的结构和风格的分析是教师必须掌握的音乐技能之一。音乐结构、音乐形式以及它们之间的音乐表达,与各种结构元素和相互作用的存在有关,教师应能加以辨别和分析。此外,教师应学会用音乐讲述故事。大多数幼儿喜欢听讲故事,如果教师说,"我来讲一个故事",他们会安静下来。幼儿的世界一直是一个充满幻想、天真和色彩的世界。如果教师能抓住幼儿爱听故事的特点,可以使故事活动更广泛,在讲故事的活动中激发幼儿的想象力和创造力,在角色扮演中使其体验不同的情感,满足幼儿表达和表演的欲望,形成积极勇敢的态度等。音乐故事可以用不同的方式来表达,可以是现场表演甚至可以用不同的方式来包装,包括手袋、皮影,甚至纸张、默剧,等等。教师和幼儿一起创作故事,或者改编熟悉的故事,还可以让幼儿上台表演,设计自己的道具等,让幼儿的童年回忆丰富多彩。

我们经常看到,幼儿有时拿着娃娃拍打或者对着她讲故事,当然,这些故事都是即兴创作的,整个过程看起来就像童话一样。教师可能也会发现有些幼儿有很多想法,经常会自发地笑和鼓掌。为了保护儿童的这种天性,我们必须给幼儿营造轻松和快乐的环境,设计活泼的活动,给他们正确的引导,鼓励他们探索、尝试,用赞美和支持的态度,充分调动他们敏捷的思维和想象力,使他们创造地表达他们的内心世界。

例如,音乐故事《巨人的花园》中的第九交响曲的主题在这个活动中发生了变化,演变成适合中班幼儿欣赏和表演的音乐作品,可以让幼儿在新颖的演出中获得独特的感受和乐趣。乐曲分为以下几个不同风格的主题:上山——缓慢、下山——欢快、小河——缓慢、小精灵之舞——欢快、怪癖巨人——缓慢、花园里的春天——欢快。教师根据图片讲述故事:从前有一个巨大的花园,幼儿在里面玩耍。巨人不允许幼儿进入他的领地,只有在寒冷的天气他们才能够进入。后来,出现了小精灵,带着他们翻山越岭过小河,终于来到了花园。教师与幼儿围成一圈,每个人按照顺时针顺序做一个动作表演一段音乐情节,如上山、下山、过小河、藏起来等,互相猜猜表达的是什么意思,让图片和音乐、故事连通起来。总之,教师应让幼儿接触各种类型的好的音乐作品,并让幼儿体验其中所蕴含的丰富的乐思。

四、幼儿园教师应掌握的教学策略

良好的教学策略就好比一对美丽的翅膀,能通过音乐教育帮助更多的幼儿登上一个台阶。儿童音乐教育不仅要从儿童发展的需要出发,而且要注重音乐学科本身的知识体系和规律,开展全面的音乐教育,促进儿童音乐能力的整体提高。

(一)节奏训练作为突破口

在音乐活动中,儿童首先感受到的是节奏,而不是旋律。节奏是组织起来的音的长短关系,节奏有自己独特的规律,有动机、有发展、有变化,有自身的发展轨迹,它也是音乐美感体现的重要方面。教师应当鼓励幼儿从实际的音乐感受中获得对节奏的第一认识,培养对节奏的直觉然后再过渡到认知层面。例如,模仿小雨点落下来的声音,"答答""滴滴答",幼儿能够用小手拍出"答答"的稳定拍之后,注意到音乐中的两个声音"滴滴答"和"答答"是不同的。幼儿特别喜欢来自生活中的这些象声词。

在幼儿音乐教育活动中,可以将身体作为乐器,通过不同的身体部位来进行节奏的训练,表达和交流音乐情感,如拍手、拍腿、跺脚、捻指等。在一首歌曲中,可以通过多种身体节奏配合练习。这种借助身体部位来进行节奏训练的方法有很大的优势:一是简单不复杂,不需要其他复杂的教学道具和教学乐器;二是高效低要求,对于场地和环境没有特殊要求,被认为是一种高效、实用的教学手段。

教师在游戏中,还可以培养幼儿的节奏感。例如,大家所熟知的传球游戏,如果在游戏当中加入节奏感很明显的音乐,当音乐中有特殊的声音出现的时候,传球的方向就要发生变化,并且要根据音乐的节奏来决定传球速度的快慢。这样的音乐游戏,幼儿特别愿意参加,是幼儿感兴趣的游戏。在这个过程中,幼儿不仅有很好的情绪体验,而且还训练了听力,培养了节奏感,学会了如何分辨不同的音乐风格等;同时,还培养了幼儿的注意力。在传球的过程中,幼儿不仅要注意音乐的节奏,而且还要注意听音乐中的特殊声音以便于及时变换方向。

除了有节奏感的游戏外,还有节奏创造游戏。比如,嗓音游戏:教师先问一问,每个小朋友在高兴的时候是什么样子的,会发出什么样的声音。在这个过程中,教师按一定的节奏摸小朋友的头,被摸到的小朋友发出声音,熟悉之后,可以请小朋友来做那个摸头的人。不仅仅是高兴时候的声音,也可以分成小组,让小朋友们用声音表现厨房里的声音,或者交通工具的声音,或者乐队的声音,等等,在玩游戏的过程中,也能够培养幼儿的节奏感。

(二)听唱结合体验音乐

"听"是对音乐元素的吸纳,"唱"是对情绪情感的表达。很多著名的音乐家和音乐教育家都非常重视音乐的听觉训练。幼儿期是对儿童音乐听觉能力训练的关键时期,如果在这个时候不加以重视,那么幼儿对音乐的敏感性就会削弱,如果错过这个时期,以后再训练只能起到"事倍功半"的效果。柯达伊认为,歌唱带有很深的文化内涵、地域特点和民族特点。在他看来,音乐的表达方式最重要的一点是,音乐要唱出来。同时,他也认为,音乐教育中歌唱的前提是听觉训练,听觉与歌唱能力发展相辅相成、缺一不可。

1. 培养幼儿良好的倾听习惯

以倾听为基础的活动必须避免让幼儿"呆坐着听",要让他们在倾听的同时"做点什么"。教师应重视音乐聆听的环节,让幼儿每次的"听"都能有期待和发现,保持注意力的集中,投入更多的精力去"听"。教师应掌握一定的教学策略,不要用太多的表述性语言去代替音乐,而要给幼儿更多音乐的"聆听"机会,让幼儿独自充分地"聆听"音乐这种语言。因为只有让幼儿独自听音乐,使其沉浸在音响的世界中,才能让他们全面而有细节地去"听",才能使幼儿有足够品味音乐和思考音乐的空间,进而激发其兴趣,表现和表达自己对音乐的理解。

音乐是倾听的艺术,情感的体验和传达都建立在聆听音乐的基础上。教师应选择轻松明快、活泼易懂的儿歌,吸引儿童的注意力,让他们在欣赏的过程中,仔细聆听歌曲的旋律、音的高低、起伏变化等。不要让幼儿急于开口唱,要让幼儿准确记忆歌曲的旋律之后再开口模仿,一边模仿一边纠正自己的音准,大多数研究者赞同认真聆听对幼儿学习新歌十分重要。

2. 为幼儿选择合适的歌曲

毕朝霞在《幼儿歌唱走音的原因及纠正方法》一文中指出,由于幼儿具有音域较狭窄、音准能力较差等特点,教师应该为幼儿选择节奏明快、旋律优美、起伏不大的歌曲。歌词方面,要利于儿童理解和记忆,简单有趣,生动活泼。随着幼儿年龄的增长,教师可以根据幼儿的歌唱水平,逐渐为其增加内容丰富、风格不同的歌曲进行学习。因此,教师应选择适合幼儿歌唱的曲目,让他们能够在自然声的区域里歌唱,这样更有利于提高儿童的歌唱音准,从而使幼儿更喜欢歌唱。

3. 让幼儿掌握正确的歌唱方法

张蒙蒙在《幼儿歌唱启蒙教学中的几个问题》一文中提到,在幼儿学习声乐的过程中,保持正确的歌唱姿势,不仅是为了塑造形体的美感,更重要的是可以使幼儿掌握正确的发声方法。歌唱的姿势主要包括身体、头部、口部三个部位的姿势。身体姿势分为站姿和坐姿两种,身体应保持正直,不要驼背。头部也要正直,目视前方,不要过分上仰或下收,避免压迫喉部,影响声带的振动发声。嘴唇要自然放松,上下张开,不要过度用力。口型为椭圆状,如口含鸡蛋。在歌唱的过程中,要让幼儿正确地运用发声器官,避免声带过度疲劳。我们认为,让幼儿掌握正确的歌唱姿势,对提升幼儿的歌唱能力具有基础性的作用。

对于以歌唱为主的活动,教师首先要提供正常的呼吸、正确的发音、共鸣良好、情绪良好的歌唱示范,然后让声音自然,音量适中,音调准确,咬字吐字清晰并配合动作跟随歌唱。在集体歌唱时,教师要注意发现幼儿最自然、最美丽的声音。当儿童嘴角上扬时状态是最舒服的,当呼气时发出"a""e""i""o""u"等声音,调整到最佳状态时,声音也是最好的,在这个过程中,也不知不觉地训练了正确的呼吸和共鸣方法。总之,美好的声音,虽然很小,却能传播得很远很广,使幼儿感到舒适和轻松。

(三)创造自己的音乐图谱

柯达伊认为,一个国家的教育水平通常是以不认识字的人的数量来衡量的。那么,音乐也是一样的,一个人如果不识谱,不了解音乐的语言,在音乐的领域也是寸步难行的。

为了揭开音乐的神秘面纱,幼儿可以画"音乐画",设计自己的乐谱,然后再掌握真正的音符和乐谱。教学中,可以通过逐句地跟随音乐画出线条和图形的方法,或是加入相同或不同的律动动作、角色扮演游戏等,逐渐地使幼儿听辨出音乐的重复与变化。如果一个幼儿能够构建乐谱的识别系统,那么他的音乐智能也能得到很好的发展。

为了给幼儿介绍"不同的形状代表不同的声音"这一概念,我们设计了图画和声音对应的游戏活动,比如,画出"小手"表示拍手,画出"小靴子"表示踩脚,画出"一条波浪线"表示持续地演奏铃鼓,等等。当幼儿学会把唱歌与他们的声音相关联时,可以把三五张图片组成为一组卡,并创建一个声音或音乐,表现出其他的幼儿"声音的标志"。另一种方法是听音乐,画画,就是听一段音乐,然后用简单的符号表达出来。幼儿能用一定的符号,如圆圈和点,表示旋律和节奏的重复,如果音色产生变化,幼儿就会用不同的颜色来表现。

(四)以即兴活动开发幼儿的创造潜能

即兴活动是没有计划就能够做到的活动。即兴能力是儿童创造力发展的基础,应该从学习音乐的最初阶段,就重视即兴能力的发展。即兴演奏是一种重要的自我表达活动,是促进音乐经验和创造力发展的互动活动。幼儿往往喜欢演奏不重复的节奏、旋律。教师应当抓住幼儿的兴奋点,然后进行鼓励和支持,激发幼儿对即兴活动的热情,让幼儿大胆地进行即兴活动。

教师可以把即兴活动设计为有场景的、有角色的游戏活动。例如,在音乐《时钟店》活动中,教师发出的声音表示大钟表,幼儿模仿的声音表示是小钟表;在音乐《担鲜藕》活动中,教师的动作表示大莲藕,幼儿模仿的动作表示小莲藕;在音乐《六月二十七日望湖楼醉书》活动中,某一个幼儿表演古代的诗人,其他幼儿表演诗中描写的小船、水、乌云、太阳等景物,幼儿非常有兴趣参与这些活动。幼儿可以创作各种组合,在活动中进行模仿、发挥和变化。

教师还可以在不同的环节中加入即兴活动。

1. 讲故事

教师在引导幼儿欣赏音乐前或欣赏音乐时,可以讲述或讲解相关文学作品或艺术作品,如作品创作的背景、故事或谜语等,联系幼儿认知经验和当前的情境,让幼儿参与讲故事的过程,即兴创编并讲故事。

2.游戏

在教师或师幼共同设定的某种情境中,幼儿使用自己能够驾驭的方式,根据教师引导或自愿参与音乐游戏,如声音和动作的对应、用节奏说名字的游戏等,这是一个幼儿自主自由活动的环节,也是即兴游戏的环节。

3.图谱

即兴画图谱,是教师根据对音乐作品的理解,将音乐即兴地画出来,让幼儿在创作图谱的过程中欣赏音乐,了解乐曲的结构、作品的旋律特点,想象音乐故事,创编动作等,这是一种音乐教学中常用的便于让幼儿欣赏音乐的一种形式和方法。

4.表演

教师将抽象的音乐作品借助道具表演或直接表演的形式,将音乐作品的内涵、乐曲旋律以及曲式通过即兴表演表现出来,如在《时钟店》音乐表演中,幼儿一会儿变成小学徒,一会儿又变成小老鼠时钟,根据教师的提示和音乐的发展,幼儿做出即兴的表演,从而进一步欣赏音乐作品。

第二章 学前儿童音乐教育的基本理论

第一节 学前儿童音乐教育的基本问题

一、音乐与学前儿童音乐

音乐是一种生动的语言,是多彩灵动的世界和生活的立体画卷。优美的音乐令人陶醉、兴奋和震惊。什么是音乐?如何创造音乐?这就是我们要讨论的。

(一)音乐

音乐是按照某种规律用声音组合而成的艺术形式,人们用音乐表达情绪情感以及对现实世界的思考。音乐大多是由音高组成的,通常称为乐音,如钢琴的声音都是带有音高的,演唱者唱出优美的旋律,这些都可以称为乐音。音乐的表现形式有独唱、重唱、合唱、歌舞剧、交响乐、民族乐器演奏以及音乐剧等,最重要的表现形式是演唱和演奏。音乐作为一种艺术形式,可以说是无形的、不可见的,却是可听的,因此,音乐是比较抽象的艺术形式。

1.音乐的起源与本质

(1)音乐的起源

音乐具有悠久的历史,是一种非常奇妙的艺术表达载体,与其他艺术形式并存于人类现实之中。这个世界充满了音乐:潺潺河水的声音,微风吹拂的声音,燕子的低语,人们在街上的叫嚷声……这些声音是天然的音乐素材。婴儿出生前,胎儿的生长、脉搏的跳动、身体器官的运行和情绪的发展等很多方面形成同频共振。可以看出,自从有了人类以来,人类生存的世界和美妙动听的音乐有着各种各样的联系,人类的发展促成了音乐的形成和发展。

音乐的历史演变经历了无数的变化。起初,音乐总是依附在其他艺术形式之上,没有被分离出来,如音乐用来辅助舞蹈,音乐在戏剧中使用。原始社会以后,音乐是以综合艺术形式为基础的,对古代音乐进行了进一步的分离和发展。在此基础上,产生了戏剧和诗歌等。发展到现代,音乐有了更多角度的、更详细的分化。现代音乐的发展不仅遵循着不断分化与融合的规律,而且随着艺术形式本身在不断地吸收新的外在艺术元素,音乐逐渐从综合性的艺术形式中分离出来,形成不可替代的普通艺术,呈现出更广阔、更独特的未来空间。

(2)音乐的本质

音乐是人类创造的另一种"语言"。什么是音乐?音乐是作曲家思想和情感的凝练,作曲家通过各种音乐元素将头脑中的抽象概念转化为一种乐思,再输出,形成旋律、节奏的组合。可以看出,音乐是人类生活现实的反映,是人类美好思想与情感的表现,即音乐是对美的感受,是对美的表现、表达和创造。

2.音乐的特征

(1)音乐是现实的艺术

音乐艺术是一种用声音来塑造形象的载体。它既是现实的又是虚幻的;它既能反映人们的精神世界,又能体现客观存在的人类社会现实,还能反映作曲家头脑中独特的抽象意念。我们很难真实地去观察音乐家的现实生活,体验各种生活中的变化,但是我们有丰富的想象力和创造力,可以通过他所作的乐曲想象作曲家的现实社会生活。我们也可以充分利用社区丰富的公共资源和户外课堂,陪伴幼儿参加各种活动,发展他们从生活中寻找答案的能力。例如,去宠物店听听小动物的叫声,观察动物的特征和行为;选择一个安静的地方,仔细聆听风声、雨声、雷声,小鸟翅膀扑打的声音,等等。这种活动可以训练幼儿的观察能力,发掘他们的音乐潜能,积累生活智慧,这和音乐来源于生活这个特点是相符合的。

换句话说,好的艺术都是从现实生活中提炼出来的。幼儿从自己的生活中,去感受悲伤和快乐,去拥抱大自然,去接受挑战,去品味生活的酸甜苦辣,这样的来自生活的一点一滴的经验的积累,使幼儿对事物更敏感,学会更仔细地去观察事物。

(2)音乐是听觉的艺术

人们听华尔兹和小步舞曲等钢琴曲需要几分钟,而听贝多芬的交响乐则需要几十分钟。那么,什么样的音乐才能吸引人呢?人们只有在聆听到优美动听的声音,在听觉上感受到音乐丰富多彩的变化后,才可能用心地去聆听,用心地去感受音乐的旋律美,才能触动内心的情感。

其实,幼儿很早就有听觉了,甚至在母亲的肚子里,他们就能感觉到母亲生活环境的微妙变化。著名钢琴家格伦讲述了他的童年,他的母亲告诉他,当她怀孕时,她为他弹钢琴;作曲家普罗科菲耶夫也有类似的经验,他的母亲总是弹钢琴,他也喜欢听,于是就涉猎了各种世界著名的古典音乐。在现代音乐研究中,科学家、教育工作者和心理学家一直在试图证明婴幼儿在出生前就拥有音乐能力的假设,这也是根据听觉器官是胎儿发育的最早的器官之一来推断的。胎儿能在母亲身体内感受脉搏的跳动,感受到类似于妈妈脉搏的节奏,这种节奏就像古典音乐中常见的音乐节奏模式。所以,我们说,聆听是幼儿学习音乐的第一步,也是叩响音乐殿堂大门的一把钥匙。

(3)音乐是情感的艺术

音乐是一种能直接走入人们内心深处的载体。跌宕起伏的旋律,声音的长和短,音乐的力量的表达,丰富绚丽的音色,可以驾驶人的内心情绪情感。因为音乐与情感的联系是最直接的,所以音乐是擅长抒发情感的艺术。什么是艺术?高更说,艺术就是情感。当收音机播放着优美的旋律时,人们的思绪突然回到了那个浪漫的月圆之夜,那种身临其境的美好时刻永远不会被遗忘。听音乐时,我们往往忘记某些旋律和节奏,闭上眼想象一下,就能够进入某一个场景。当听到贝多芬的《命运交响曲》的时候,我们仿佛听到命运在叩门,充满了复杂的情绪,又有对命运的抗争情绪;而当我们听到《让我们荡起双桨》的时候,这种抒情旋律会使我们觉得自己仿佛来到了湖面小船上、小溪边或森林里,会感受到内心的平静和美好;当我们听到《运动员进行曲》的时候,这种强劲有力的音乐会使我们觉得自己仿佛来到了操场或颁奖典礼,顿时充满了活力。

（4）音乐是表现的艺术

当我们谈到音乐的时候,如果没有歌声,没有乐器的演奏,只有乐谱,我们都不能把它直接传递给他人。所以,音乐必须是通过歌唱或者乐器演奏等形式表现出来的,只有这样我们才能更好地理解音乐的内涵和思想感情。所以说,音乐是表现的艺术。音乐可以通过节奏变化、旋律、和声、力量、声音等方式产生独特的美感。例如,歌唱家在演唱《黄水谣》的时候,旋律优美而抒情,声音忽高忽低,如泣如诉,我们可以从中感受到中华儿女对祖国患难时的心疼与担忧,表达了中华儿女深厚的热爱祖国的思想情感。在歌唱家或者演奏者情绪的推动下,会让听众感受到音乐的美妙。

音乐是幼儿较容易理解的艺术形式之一,它能唤醒幼儿的审美体验与理解,促进幼儿的审美表现,促进他们的审美想象力与创造力的发展。因此,我们应该充分重视音乐的作用,发挥音乐艺术的审美作用。

（二）学前儿童音乐

学前儿童音乐是音乐的一个特殊分支,包括儿童的音乐活动和专门针对儿童而创作的音乐作品。

1.学前儿童音乐作品

学前儿童音乐和成人音乐有着很大的不同。幼儿的音乐作品凸显了幼儿的独特偏好和审美情趣。相比较而言,成人音乐作品有严格的形式和内容,有交响乐、钢琴曲、舞曲等;而幼儿音乐作品是一种独特的音乐风格和形式,有童谣、儿歌、游戏歌曲、律动音乐等,具有一定的教育功能。

首先,幼儿音乐作品在品质上是优质的。正如柯达伊所说,为了向儿童提供丰富的内容和优秀的音乐,花费大量时间和精力搜集民族民间音乐、民歌等,而这些材料是为不同年龄的儿童创作的歌曲。这就是通常所说的匈牙利的"黄金储备"。柯达伊根据本国儿童的音乐能力和音乐偏好与特征,运用本国民族调式为其创作。这些歌曲的歌词是优秀诗人专门为儿童创作的,具有高度的艺术性。此外,柯达伊还强调民间音乐的重要性,并为在更大范围内整合世界音乐文化打下基础。

当我们学习和研究音乐时,我们不可能复制所有的西方音乐材料,也不可能完全只站在自己的小圈子里,这是有局限性的。我们为幼儿选择的音乐,应该整合民族民间音乐和世界各国的音乐,尤其是古典音乐、传统民歌、诗歌和游戏等,这样,我们的优秀文化遗产就能够更好地得到传承和发扬,让幼儿获得良好的艺术影响。

目前,中西方音乐的融合以及儿童音乐教育如何吸纳中西方音乐并适当地加以运用,是我们面临的课题。例如,广西等地有丰富的民歌,但民歌中常使用方言,可能不适合其他地方的儿童学习;纳希族人的古代音乐被认为是文化遗产,但如果原汁原味地照搬,儿童就不能理解,也不会感兴趣。又如,德国著名作曲家贝多芬的第九交响曲时长大约为70分钟,那么,如何让儿童通过听很长时间甚至一个小时的音乐,来理解其深刻的内容呢?这是不现实的。因此,世界古典音乐的改编,以及将原汁原味的民族民间音乐作品调整成为真正适合儿童的创作型作品;结合现代音乐、主题音乐进行编辑,将旋律、音色、节奏等元素融入活泼的儿童童谣;专业作曲家、音乐制作者和音乐教育专家、教师共同携手为儿童创作音乐作品等,这些是目前我们特别需要采取行动的。

(1)生活化

我国著名的教育家陈鹤琴提出了"让儿童生活音乐化"的思想。幼儿从音乐化的生活中体验生活,感受音乐,两者没有真正地分开过。在幼儿眼里,没有音乐的生活就像鸟儿没有了翅膀,鱼儿没有优质的水塘一样,是缺少色彩、缺少希望、缺少生命力的。因此,富有生命力的儿歌,是我国音乐的宝库,地理、文化、日常生活等内容往往包含在其中,我们应注意选择民族优秀作品和各种儿童歌曲进行教学,如摇篮曲、游戏歌曲和短小活泼的童谣等。

如北京童谣《西瓜》,这首歌曲生动地再现了北京的小朋友们吃西瓜的趣事。在现实生活中,我们看到幼儿为歌曲自觉地配音,做出吃西瓜的样子。又如,幼儿喜爱的歌曲《水龙头的故事》,伴随着滴水的水龙头,歌词中有水龙头的拟声词。我们经常观察到,当幼儿玩耍的时候,他们会本能地哼"滴滴答、滴滴答"。我们也看到他们随着音乐跳舞,做出哭泣的样子,甚至在水龙头停止哭泣(滴水)时鼓掌和露出笑容。由此可见,生活场景的音响、动物叫声、交通工具发出的声音等在儿童音乐中是一项重要的内容。此外,我们也应该采用民族调式或五声调式进行儿童歌曲的创作,运用小三度、纯五度、大三和弦等音程,使音乐作品更易于被幼儿掌握,而且有天然的亲切感。

(2)趣味性

幼儿期是一个比较特殊的年龄阶段,幼儿对音乐有着独特的偏好。一般而言,幼儿音乐作品短小、简单、活泼、有趣、富有想象力。儿歌通常是从儿童的视角出发,捕捉生活中的声音与形象等,也通常把事物和动物拟人化进行表现,充满童话般的色彩。

(3)适宜性

不同年龄段的儿童对音乐有不同的感受,他们的艺术表现力和创作方式和成人有很大的不同。对音乐的不同感受,不仅深受幼儿的演奏技巧和音乐本身的约束,也受幼儿的感受和认知能力的限制。

比如,幼儿歌唱作品《咏鹅》(3～4岁幼儿),就是根据傣族民间音乐的特点和风格进行创作的。音乐跨度比较小,首句"咏鹅"一词"用小三度音级 mi－sol 两音"谱曲,特别适合古诗词吟诵的音调,有益于孩子们掌握。音准好的幼儿可以歌唱,节奏感好的幼儿可以随音乐朗诵。在我们的生活中,我们发现各个年龄段的幼儿都会自发地将音乐用于娱乐,如随歌起舞,讲故事和进行角色扮演等。

2.学前儿童音乐活动

学前儿童的音乐活动,这里指的是幼儿自发组织的有一定创造性的音乐活动。有时音乐活动是一场即兴的音乐表演。儿童可以通过多感官多通道的各种形式进行音乐活动。随着儿童的自我意识的增强和自主性的发展,音乐活动通常由儿童自己组织,有一个、两个、三个或更多的人参与。随着儿童的不断成长,其各种能力都提高了一个台阶,他们需要更多的音乐内容去丰富自己,需要更大的平台和更多的机会来表现自己。学前阶段的音乐活动被认为是为了便于幼儿身体和智力获得自我发展的一种教育活动。

学前儿童的音乐活动具有模仿性、游戏性、个体性的特点。

（1）模仿性

学前儿童的音乐活动是通过模仿来实现的。例如,学前儿童喜欢探索和倾听可以模仿的声音,他们模仿教师如何进行唱歌,随着音乐的节奏通过拍手和跺脚等来表达;他们还使用小型打击乐器,演奏一种或多种节奏,敲击稳定拍或强拍与弱拍。

在生活中,我们发现儿童自发的音乐活动素材总是来自学习过的内容。这是因为幼儿对于最近所学到的歌曲和音乐有更清晰的记忆,幼儿会在任何时候将其歌唱或表演出来。此外,幼儿喜欢模仿一些媒体中播放的音乐和歌曲等。幼儿自发的音乐活动的内容也是他们自己的音乐和歌曲的创作源泉。有些幼儿会先模仿大人或同龄人的歌曲,然后唱出这首歌的旋律,创编不同的歌词来表达。

（2）游戏性

幼儿天生爱玩儿,这就是我们所说的游戏性。一个活动如果"不好玩儿",没有游戏性,就不能够吸引幼儿,更不要提寓教于乐了。当幼儿唱一首歌时,经常会陶醉在这首歌的意境中,越小的幼儿,越明显地表现出这种特征。我们发现,幼儿往往会陶醉在歌曲的想象和联想当中,这种自发的在音乐中游戏的活动对于幼儿的审美发展和创造力有独特的作用。

在日常生活中,我们发现,幼儿特别喜欢自言自语、自导自演,没有其他同伴和成人参与,甚至一个人扮演两三个角色。幼儿会改变他们的声音和动作,他们的身体随着音乐的节奏翩翩起舞,有时高,有时低,有时活泼,有时安静。一般来说,幼儿园有音乐区,那里不仅有音响设备、个性化的服装和音乐图片,还有符号卡和小乐器。在那里,幼儿情不自禁地演奏铃鼓、三角铁、小鼓等打击乐器,他们还会发出不同的声音,不断改变演奏的方式。幼儿特别喜欢走进"音乐盒子",也就是音乐区角,在这里幼儿仿佛走进童话世界,尽情享受音乐游戏的快乐。

（3）个体性

幼儿音乐活动具有个体性的特点。音乐是一种独特的、高度个性化的表达。对幼儿来说,音乐提供了一种特殊的空间,为幼儿表达个性提供了机会。由于幼儿的感受方式、审美差异和个性差异,对于同一首歌曲,他们的感受和表演是不同的,每一首音乐都有不同的意义。有的幼儿喜欢一些歌曲,听到这些歌曲时就会自发地演奏乐器,有的还自发地进入角色扮演。在音乐活动中,一个幼儿作为一个独立的内部表演者和一个独立的社会成员同时存在。可以看出,孩子们的音乐表演是他们非常自我的唯一的创造性的表现,这些表达来自他们对音乐的个性化的认知和情感元素。

二、学前儿童音乐教育的基本观念

学前儿童音乐教育是归属于大音乐教育的整体系统,还是学前教育的一个分支?这一直是幼教工作者探讨的问题,也反映出大家对学前儿童音乐教育的基本概念的深入思考。学前儿童音乐教育是两个学科的交叉点,它既要符合学前儿童教育的横向整体要求,又要体现音乐教育纵向学科的特点,即解决的是"教音乐"和用音乐作为载体进行教育的问题。

(一)学前儿童音乐教育的目标

《3～6岁儿童学习与发展指南》(以下简称《指南》)指出,艺术(音乐)是人类文化和社会生活的重要领域。在音乐教育中,幼儿应该发现生活中的音乐美和作品中的音乐美,要通过音乐表达和创造美,这也是认知世界的一种特殊途径。每个学前儿童都可以发展音乐能力,音乐应该属于每一个孩子。学前儿童音乐艺术领域研究的关键是创造条件和机会,让幼儿充分理解与表达美好的思想与情感。

《幼儿园教育指导纲要(试行)》(以下简称《纲要》)指出,幼儿园艺术教育的目标是"能够初步感受环境、生活和艺术中的美……",期望幼儿能够喜欢参加音乐艺术活动,大胆地用音乐展示自己。幼儿园的音乐教育要引导幼儿发现生活中的美好事物,积累他们的审美体验,焕发他们的美好情感,展示他们的审美创造力。这也是音乐艺术教育的总目标,了解美,懂得美,还能够用美的方式去思考和表达,让这种审美能力成为幼儿自身素养的一部分。

1. 学前儿童音乐教育与全面发展教育

学前儿童音乐教育是面向全体学前儿童的音乐教育,也是面向学前儿童全面发展的教育,具体表现在以下五个方面。

(1)促进学前儿童的身心健康

音乐教育首先应该考虑的就是如何促进幼儿的全面发展,促进幼儿身体和心理的平衡发展。良好的音乐教育活动应满足幼儿的内在需求,直接引导幼儿获得丰富的情感体验,为幼儿形成健全人格奠定良好的基础。例如,在演唱《小蜜蜂》这首儿歌时,幼儿能够体会到小蜜蜂的勤劳,如采蜜忙、造花房等;在演唱《静夜思》这首歌曲时,幼儿可以感受到由舒缓的长音组成的抒情旋律,能体会到诗人怀念家乡的情绪;在《问好歌》音乐活动中,幼儿可以感受到与他人交往的乐趣;在集体演唱演奏活动中,幼儿可以感受到共同完成一个律动活动的快乐。在这些音乐教育活动中,幼儿体验到了音乐本身或活泼的或抒情的情绪,也获得了活动带来的接纳、合作等的乐趣,内心感受到了舒畅与愉悦,身体也得到了良好的锻炼。

（2）促进学前儿童的语言与认知能力的发展

①音乐教育能够促进学前儿童语言的发展

音乐与语言的许多要素是相互关联的，特别表现在歌唱能促进儿童语言的发展这个方面。就像在《静夜思》《国王与士兵》《小老鼠》等歌曲中，歌词的每个字都需要说出来，幼儿都会跟着节奏的强弱来说，节奏快的时候，他们就能把曲调、歌词结合起来流畅地唱出来，声音不能太强也不能太弱。唱的时候不仅要关注旋律和歌词，还要考虑到语言的发音和歌曲的和谐性。可见，这些活动促进了幼儿语言的发展。

②音乐教育能够促进学前儿童认知的发展

音乐教育能够有效地促进学前儿童的记忆力、想象力与联想能力等认知系统的发展，帮助幼儿获得与认知相关的各种信息加工能力。

例如，让幼儿感觉到脚步声、风声、雨声；体验不同节奏节拍的音乐；用跺脚和走路来表达声音的轻重。教师应该有意识地引导幼儿探索声音和音乐，以提高幼儿的认知能力。此外，我们还发现，入学不到半年的幼儿能够表现出强烈的音乐记忆力，大多数幼儿能够立即进行音乐训练，如通过听前几个熟悉的节奏（甚至只是一个或两个声音）就可以唱出后面的节奏。可以看出，他们的音乐存储容量已经达到了一定程度。另外，当幼儿跟着《洋娃娃和小猫》的节奏进行律动时，幼儿可以用自己的造型和行动创造出漂亮的娃娃、可爱的猫、狡猾的老鼠等可爱的形象，还能创编童话故事，这些生动有趣的童话故事和形象正是幼儿通过他们的生活和艺术想象力创造出来的。

（3）促进学前儿童的情感和意志的发展

音乐艺术具有抒情的特征，所以音乐教育的一个很重要的价值是可以帮助幼儿获得良好的情感发展。儿童的情感发展不是自然产生的，它需要通过幼儿体验、感受、思考，一步一步发展起来。正如《纲要》中提到的，"艺术活动是表达一个人的智力和情感的重要途径"。幼儿有一种天然的对声音的判断能力。他们可以感受到一起唱歌、跳舞、游戏的价值，可以控制自己的行为，这表明幼儿的情感与意志品质可以通过音乐活动来培养。

（4）促进学前儿童的个性发展

音乐是个体独具特色的表达，音乐教育是促进儿童个性发展的活动。《纲要》指出，个性化发展对于幼儿音乐教育具有重要价值，针对幼儿表现出来的艺术天赋，应该注意幼儿艺术发展的潜力。教师应提供机会，让幼儿充分地演唱和演奏，用自己自然的声音去创造性地表达，即使有一些瑕疵，教师也应该以欣赏和支持的态度对待幼儿，让他们更自信。教师还要积极地鼓励幼儿大胆地和别人分享自己的感受和理解。教师应提示"我怎样和别人唱得不一样，动作不一样，节奏不一样？""玲玲可以做这个动作，我能比她做得更好吗？""明明这样来演奏小乐器，我也能演奏，我还能想出更有趣的节奏吗？"等问题。音乐教育活动应是充满着个性表现的场景，是每一个独特的幼儿展现自我的音乐小舞台。

(5)促进学前儿童的社会性发展

音乐教育促进幼儿社会性发展是指音乐教育要促进幼儿与他人、与社会环境之间的交流与合作,使幼儿理解他人。

在音乐活动中,幼儿可以通过歌唱、律动和音乐表演等多种方式和小伙伴们进行沟通和合作。例如,在《小豆芽芽》的教育活动中,教师设计了豆芽宝宝的成长游戏,在游戏中,幼儿会看到对方的面部表情和肢体的表达,以确定是否有人能成为合作伙伴,展示小豆芽的状态;幼儿可以选择种子休眠、小豆芽钻出土壤、小豆芽长高了、小豆芽找伙伴四种不同的游戏活动。这样的音乐教育活动能够有助于幼儿形成规则和秩序,建立维持社会秩序和社会规则的责任感。活动结束后,教师可以引导幼儿收好乐器、将小椅子小桌子摆放至原位,等等,在这样的活动中能够培养幼儿对观众负责、对同伴负责、对小乐器和道具负责的良好态度和习惯,从而促进其社会性的发展。

2. 学前儿童音乐教育与审美教育

《纲要》指出,艺术教育应该"引导幼儿与周围的环境和生活相联系,借由感官体验和内心感受让幼儿获得美好的审美熏陶,激发幼儿内在的审美创造力"。音乐浓缩了人类美好的精神世界,是人类精神活动的审美媒介。音乐教育不只是培养幼儿对自然世界、生活和音乐作品的审美感受、审美表达和审美创造的能力,更重要的是让幼儿的审美能力成为其自身素养和人格的一部分。

在幼儿音乐教育中,教师不仅要追求量变还要追求质的提升,也就是说会唱几首歌并不能说明什么问题,而是让幼儿要真正体验到音乐独有的音响美、形式美、意境美等。例如,一个集体音乐教学活动——儿童游戏,用锣、钹和不同的声音和节奏模式来表现可爱的"大狗"和"小狗"进行游戏。在活动过程中,教师引导幼儿根据不同的声音和节奏模式,通过点击图片感知音色、节奏、结构等的变化。其中,幼儿需要说出音色的特点和乐器的名称;幼儿需要通过不同音的强弱来区分是大狗还是小狗("大狗"播放声音更重,"小狗"播放声音更柔和);幼儿也需要通过不同的节奏模式来进行分辨(表现"大狗"的节奏以打稳定拍为主,表现"小狗"的节奏是紧凑型的节奏)。这些活动可以帮助幼儿了解音乐的形式和内容等音乐审美元素,学习音乐知识并获得自我满足感。

总之,教师要以幼儿音乐教育审美为核心,将美妙的音乐传递给幼儿,引导幼儿多感官整体地感受音乐,使他们进入音乐美的境界,创造性地运用各种方式表达自己,获得审美感受。

3. 学前儿童音乐教育与音乐知识技能教育

教育界一直有两种观点:一种音乐教育偏重于知识与技能教育;一种音乐教育更偏向于素质教育,减少或忽略了知识与技能教育。我们认为,音乐教育和幼儿的全面发展教育缺一不可,适当的知识和技能教育也是必不可少的。幼儿音乐教育首先要面向幼儿,根据幼儿的发展和特点以及审美偏好进行教育,同时应该考虑音乐教育的特殊性和专业性。因此,音乐教育和幼儿的全面发展教育不能分裂开来说这个重要或者不重要,两者应该相互补充,互为作用,相互支持。

《纲要》与《指南》中也明确了艺术(音乐)教育的内涵和音乐教育的指导,音乐教育的重点不在于掌握音乐符号的识别、学唱几首歌曲等音乐技能,而在于获得欣赏、表达和创造音乐的能力。

在音乐教育中,教育工作者应注重幼儿的音乐审美能力和全面发展,而不是将所学的音乐知识和技能训练作为教育的唯一目标。教育应进入儿童的音乐教育活动和生活中,使儿童自然而然地获得音乐知识和审美能力,并在审美意识上得到均衡的发展。

(二)学前儿童音乐教育的特点

1.审美性

在学前儿童音乐教育中,一方面,要引导儿童从自然界和周围的环境中、从歌曲中发现美的元素;另一方面,要让儿童学会将音乐的美融入生活,让生活也呈现出韵律美和节奏美。

首先,音乐教育能够让幼儿发现美。音乐存在于大自然和社会文化生活中。例如,在美丽的大自然中充满着虫鸣声、风声、鸟叫声和其他悦耳的声音,声音的高度、长度、强度等有各种令人愉快的变化。听觉器官是幼儿最早发育的器官,幼儿天生就对声音很敏感,会被这些美妙的声音所吸引,并且主动模仿,和原有经验相融合,产生对声音的认知。教师也要寻找相关资源,如录制一些雨滴落在地上、房屋上、窗户上的声音,风儿呼呼吹的声音,"叮叮咚咚"门铃响的声音,"吸溜吸溜"喝汤的声音等,让幼儿体验自然中的音响,也体验生活中的声音。在音乐作品方面,选择一些形象的音乐、能够合着唱跳的音乐,如《小料》《四只小青蛙》《咏鹅》等是适合演唱的,《踢踢踏》《小木匠》《包饺子》《小秧歌》等是适合律动的,《打花巴掌》《小乐器总动员》《中国锣鼓经》等是适合节奏游戏的,《森林铁匠》《时钟店》《雪人减肥记》等是适合音乐童话活动的,可以让幼儿以自己的方式来感受和表达各种音乐的美感。

其次,音乐教育可以让幼儿的生活充满美感。音乐教育应该融入幼儿生活的各个方面,让幼儿开心、快乐,提高学习效率并改善幼儿的生活质量。这种音乐教育不仅可以塑造幼儿的审美习惯,还可以让幼儿日常的生活习惯井井有条,充满积极的色彩和韵律感。因此,教师必须转变思想观念,不要过于强调单一的教学技能或者集体活动等某一种形式的音乐教育形式,而要全面地、综合地在幼儿一日生活中进行运用,只有这样才能更有利于幼儿的发展。

2.游戏性

有这样一种说法,幼儿的生活就是充满游戏的。确实,游戏的确是幼儿最喜欢的、最需要的,也是最基本的一种活动。在幼儿音乐教育中,游戏不仅能够体现音乐游戏的特殊要素,而且还能体现幼儿具有好奇心、好胜心和爱美心的特征。在音乐教育活动中,所谓的游戏就是"玩",幼儿在潜移默化中,投入地"玩"着,享受其中,乐此不疲。因此,音乐教育也应该具有游戏的特点。

3. 综合性

要做好幼儿音乐教育,首先要把握音乐教育内容的综合性,把握音乐教育方法和形式的综合性。在音乐教育活动中,幼儿不仅可以为自己表演,还可以体验和参与各种形式的集体表演;不仅可以表演一首歌、一段音乐,还可以参与和弦连接、音调转换、节奏与旋律的和声组合。音乐不仅仅是一个简单的歌曲,也有小音乐剧、游戏、身体的律动的组合,使幼儿从多角度和多感官上都能够有特别的音乐体验。教师要将音乐故事、多媒体、教育戏剧、歌唱游戏、多声部教学等更多样的形式引入进来,大大拓展教学的可能性,也给幼儿更多的发展渠道和空间。

4. 整体性

学前儿童音乐教育讲究整体性,它不拘泥于机能性的教学或者某一个单一能力的发展。这一特点体现在音乐形式和内容的内部结构的整体和谐上,体现在儿童的审美实践、音乐和环境的整体和谐上。其完整性体现在学习材料和学习氛围两个方面。

首先,每一首歌曲或音乐作品都是一个整体,体现了某一主题或艺术形象,是节奏、旋律、结构和和声等要素有机地组合在一起的整体。所以,教师要让幼儿有更多的机会直接面对整体的音乐作品,而不是把注意力放在音调、拍子等某一个细节上,把它们分割开来进行学习。其次,学习氛围的创设要符合音乐作品的要求,教师可以用有效的道具、灯光、布景的手段营造学习氛围,如学习《小雨点》这首儿歌时,我们可以用一个大大的彩虹伞做道具,营造下雨天的学习氛围,让幼儿身临其境,投入所创设的雨天情景中。总之,活泼生动是幼儿音乐教育的特点,审美性、有趣性、全面性、整体性,自然应该成为每一个音乐活动发展的方向。

(三)学前儿童音乐教育的原则

1. 发展性原则

发展性原则,关注幼儿原有的经验,让其在原有的水平上有所提升,关注幼儿在音乐能力方面的未来发展趋势,使幼儿的音乐素养得到良好发展。

首先,设计目标的时候不是考虑按照某种标准,幼儿必须要达到什么样的目标,而是要考虑幼儿自己的发展阶梯,立足其原有经验,提出进一步的目标。所以在考虑发展性时,不是过于强调未来,而是强调过去,强调所设的阶梯目标是否合适。教师往往容易犯的错误是定的目标过高,幼儿的基础和能力达不到,从而使幼儿产生畏难情绪,不利于幼儿音乐能力的发展。举例来说,培养幼儿的四二拍节奏感和节拍感是小班幼儿音乐能力培养的一项重要目标,但是我们也要注意到,直接打出四二拍的强弱拍对于基础为零的幼儿来说也是比较难的,所以要首先熟悉四二拍的稳定拍,然后适时地打出强拍,强拍掌握好之后,再逐渐加入弱拍,这样才是适合小班幼儿的。也就是说,把阶梯搭得足够合适,尽量使每一台阶都能关注到幼儿的原有基础和经验,这样一步一步来,幼儿才可能获得更好的发展。又如,小班幼儿好动、好模仿,他们对周围世界中的各种声音都很感兴趣,喜欢用动作和嗓音对自己听到的声音进行模仿,而且乐此不疲。教师要善于找到这样的作品,进行声音的游戏创编,从这些模仿活动中,幼儿很容易记住一些单音节词或双音节词,而且模仿起来很轻松,很快就可以掌握歌曲里面的节奏。

其次,找到合适的音乐教育的出发点和落脚点。根据幼儿年龄小,注意力不能集中过长时间,而且容易分散的特点,教师应该设定合适的时间,如10~15分钟的课程安排等,用小手偶讲述故事,以吸引幼儿的注意力,准备多一点的不同形式的活动,让幼儿多形式地练习和表达,这样就不会觉得枯燥了。例如,在幼儿学习四四拍歌曲的过程中,应首先用语言按照四四拍节奏进行朗诵歌词,然后配合歌词玩打拍子游戏,最后再加上曲调演唱出来,这样能使幼儿循序渐进地掌握歌曲。除此之外,也能用打节奏、朗诵歌词和演唱三种方式分别演绎一首歌曲,或者综合使用两、三种方式来演绎歌曲。

最后,要考虑如何促进幼儿的全面发展,如语言表达能力、数字的点数、积极合作等。在分析音乐的音色与音乐故事角色时,教师要把音乐中的音色、节奏强弱及幼儿的音乐想象相结合。例如,在大班的节奏乐活动"狗相咬"中,幼儿感觉小狗的音色又高又亮,大狗音色相对粗重。因此,开展探索乐曲中两个角色谁为"小狗"、谁为"大狗"的游戏就较为适宜,大家积极地回答问题,热烈地讨论怎样分配角色,极大地促进了幼儿思维和语言的发展。然后,教师运用分组乐器、配器与合奏等方式,让幼儿在发展音乐能力的同时也提高了合作、探究等能力。

2.兴趣性原则

兴趣比一切形式都重要。教师要利用音乐的娱乐性,调动幼儿好学好玩儿的天性,以多种方法激发幼儿的兴趣,只有这样才能更好地实施音乐教育。

(1)选择生动有趣的教育内容

教师应选择幼儿感兴趣的内容,选择的内容可以来源于他们的生活,可以来源于童话,也可以是他们特别好奇的话题,如《四只小青蛙》《雨点》《钟表店》等,这些作品蕴含着生活气息,可以让幼儿更好地投入音乐活动中。

(2)运用灵活多变的教育方法

教学是一门艺术,即使同样的内容,教育方法不同,最后的教学效果也不尽相同。教师可以用示范法、角色扮演法、游戏法、分组教学等多种形式来组织活动。除此之外,还可以在内容的载体和演绎法上下功夫,如小型音乐表演、音乐故事、游戏、歌唱、热身律动等,以调动幼儿对学习的注意力,从而投入活动中。

(3)采用丰富多彩的教育形式

幼儿是活泼好动的,越是丰富多彩的形式越能够引起他们的兴趣。例如,在入园环节,我们和幼儿围坐成一个圆圈,教师和幼儿将熟悉的歌词替换成每个小朋友的名字,然后引导每个幼儿按照歌词的节奏塑造各种有趣的造型,变化动作,然后大家进行模仿。此外,幼儿园的音乐教育活动以集体活动为主,我们可以围成半圆,也可以进行分组活动,座位的形式也可以进行适当的变化。对于相同的教育内容,音乐活动的形式也可以是丰富多彩的。例如,在歌唱活动中,不应当只是集体唱歌,也可以是独唱或合唱、对唱等,可以采取多种形式来开展活动。

3.审美性原则

审美性是音乐活动最重要的特性之一。

要在音乐教育活动中贯彻审美性原则,教师首先要选择内容美与形式美兼具的音乐作品,以唤起幼儿的审美体验和情感发展。例如,在欣赏《惊愕交响曲》活动中,教师先讲一段音乐故事,然后启发幼儿说出主要的内容,接下来用拍手和跺脚的方式引导幼儿体会节奏的变化,如节奏的长短、强弱等,再将其还原到音乐故事当中。在游戏和体验中,幼儿对音乐的美感就会逐渐建立起来。

其次,教师要通过音乐作品激发幼儿的积极情感,使幼儿在联想和想象中产生情感共鸣。例如,当幼儿听到《清晨》音乐时,教师可以引导幼儿说:"早上好,我变成了一只鸟,扑扇扑扇翅膀,飞了起来。"教师应该鼓励幼儿模仿鸟儿飞来飞去的动作,让他们尽情地想象,激发幼儿的兴趣,体验鸟儿飞翔的快乐情绪。

另外,审美性原则不仅要在集体活动中体现,更要融入幼儿的生活中。例如,用不同风格的音乐作为过渡环节的音乐,让幼儿"静"下来或者"动"起来,让幼儿沉浸在音乐美的韵律当中。

4.创造性原则

创造性原则是指在学前儿童音乐教育中,教师要把握好幼儿的创造力发展规律,以音乐的审美感受和表现为出发点,重视幼儿的创编创造能力的培养。

首先,激发幼儿的想象与联想能力。例如,教师引导幼儿跟随《玩具兵进行曲》来创造节奏,引导他们展示不同的玩具形象可能出现的姿势。用音乐打开幼儿体验的大门,可以拓展其想象和联想的空间,创造一些新颖独特的表达方式。

其次,鼓励幼儿的独创性。例如,在大班音乐教育活动中,教师鼓励幼儿根据音乐节奏进行各种身体动作的变化,表达自己的音乐情感,这也是音乐作品的第二次创作。

5.参与性原则

参与性原则是指在幼儿园的音乐教育活动中采用适当的参与方式,体现教师和幼儿双主体共同发展的原则。

每一个幼儿都是参与者,都可以进行表达。例如,在节奏音乐活动"狗相咬"课堂上,幼儿使用打击乐器来表现音乐的节奏。教师让幼儿用音乐感受乐器的音色,然后讨论哪些乐器适合表现大狗,哪些乐器适合表现小狗。在用打击乐器表现音乐节奏的环节,可以让幼儿自己随着乐曲敲打,感受乐器的音色,之后再讨论哪些乐器适合演奏大狗或小狗,设计提问:"我们的乐器要分成两组,哪两种乐器的声音适合? 为什么?"有的幼儿一拿到乐器就说,"老师,我觉得铃鼓和双响筒像大狗的声音""我觉得响板的声音像小狗"等。可见,幼儿在前面的感受音乐环节已经感受到音乐的特点了,于是教师可以引导幼儿在讨论后分组,并进行多声部器乐的音乐演奏。我们观察到,幼儿们在活动中表现积极,情绪高涨,和老师一同参与,充分地感受着传统民间音乐带来的快乐。在音乐活动中,教师可以直接或间接指导不同角色的幼儿进行音乐活动,让幼儿有机会尝试不同的表现方式。

第二节　音乐教育与学前儿童多元智能发展

一、多元智能简介

人类有不同的思维方式和认识方式,人至少有八种智力,包括音乐智力、语言智力、逻辑数学智力、身体运动智力、空间智力、人际智力、自我意识和自然智力。在所有的不同领域,每个人的智力,是不同的,也是不平等的。一个人的一般智力或特殊智力,从多元智力的第一层次,通过环境的相互作用和发展,形成多元智力的第二层次。这一观点也适用于发展进程,即环境与个人之间的相互作用是多方面和动态的。一致性可以用来解释不同领域的个体发展模式。他还强调,音乐智力和其他智力在人类发展中同样重要,每个人都可以发展这种才能。

二、音乐智能的概念

音乐智能是对音乐的认知、感受、表达和创作、运用的能力,包括对调性、节奏、音高、音色、和声等的敏感度。音乐智能有其固有的结构和根源,可以作为一种智能独立存在,它具有独特的规律和思维结构。

当然,大多数人的音乐智力不能和一个好的音乐家相提并论,但它属于一个特定的阶段。比如,我相信很多喜欢听音乐的人,喜欢买音乐 CD,也喜欢在旅行时买当地的音乐 CD 作为纪念品,他们的办公室和家里总是充满音乐。这些人无法忍受没有音乐的环境,即使是在他们的客厅、厨房和卧室。他们每天晚上都伴着音乐入睡;早上,他们一边听音乐,一边准备工作和上学,这似乎成了每个人的一种节奏。另外,听音乐可以提高他们的工作效率。当音乐智能达到第二阶段——能够特别深情地演唱或者演奏时,人们就像一些歌手或音乐家一样,可以听任何歌曲两次就进行演唱或演奏,并且不会怯场。这种才能加上勤奋和机会,就有可能让一个人在音乐方面获得成功。在第三阶段的人,即音乐家、作曲家和其他音乐界的人,拥有最有优势的音乐智能。他们可以通过作词和作曲来表达他们的感情。例如,谭盾用交响乐的方式诠释中国思想和文化,并把它传播到了全世界;一位创作歌手,作为一位母亲,写了很多歌曲来表达她对新生活的感激和爱。

三、音乐促进儿童多元智能发展的途径

新生儿脑含有十亿神经细胞,如银河系的星星一样,难以准确地计算。在出生时,大脑包含了几乎所有神经细胞,但它们之间的接触模式是流动的。准确地说,大脑有一个敏感的时期,在这个时期,它可以在音乐影响下产生微妙的变化。音乐是可以听到的,幼儿能够通过听觉来识别音高;音乐还可以调动视觉和运动感知;幼儿还可以用歌声和动作来表达自己的音乐感受。

因此,我们应该让幼儿通过多感官通道,尽可能获得更多的音乐信息和音乐体验。例如,音乐区不仅有音响设备,还有音乐符号、丰富的颜色、各种儿童乐器或自制发音器。我们可以设立专门的音乐教室,这里到处充满了乐谱图形,如地板上、墙上、桌子上,除此之外,还有图谱和手绘音乐画等。这里仿佛是"世界音乐殿堂",充满着各种音乐道具、音乐符号、音乐图画等。换句话说,音乐不仅是听觉的,而且是视觉和触觉的。

毫无疑问,最早的音乐创作起源于家庭环境。幼儿可以听大人的谈话,家长可以带幼儿去户外,在那里他们可以听到汽车喇叭在繁忙的街道上响起,猫儿狗儿互相追逐,树叶在微风中沙沙作响,鸟儿叽叽喳喳,等等,这些都是大自然的音乐。在自由的空间里,幼儿创作的天性可以得到有效的释放。

所谓"有效"就是把握幼儿对于音乐的"敏感期",其中的有效性体现在对幼儿的音乐教育要全面:其一,在家里面创造一种良好的艺术环境,让儿童在家中自然而然地接触音乐;其二,在幼儿园,有专门组织的主题活动下的音乐艺术领域的活动,也有特色的音乐活动,还有自主游戏的音乐活动,比如,在幼儿午睡期间,播放摇篮曲等抒情和平稳的音乐;在户外,听着进行曲、舞曲进行律动做操等;进餐时,需要播放舒缓的轻音乐等。

多元智能理论认为,人的智能结构不是固定不变的,而是在不断地学习发展中产生一些变化。一个人可以在他的生活中学到很多东西,并取得更多的成就。研究人员还指出,音乐是强大的,儿童可以通过学习音乐和艺术来发展数学、语言、人际交往、内省等智能,或者以优势智能代替弱势智能。多元智能发展也是他们个人能力发展的必要因素,它包括书面表达能力和人际交往能力的发展,所有这些都是在社会中生存的必要能力。

第三节 学前儿童音乐教育的教学理论

一、学前儿童音乐教育教学的基本观点

(一)以生命和谐发展为导向的教育目标

音乐教育强调将音乐教育作为一种人格来塑造,作为儿童全面发展的载体与途径。同

时,音乐教育还应在注重儿童音乐素养提升的同时关注幼儿技能的学习。如果仅仅为了幼儿的学习成绩而提供教育内容,却忽视学习技能的发展,进而导致个人发展停滞不前,那么教育就是一句空话。儿童的发展应该是建立在每一个真实存在的成功实践的基础上的。比如,参加歌曲演唱会,和幼儿一起写一首歌,甚至玩一个音乐游戏,在这样的一次又一次的音乐活动中他们才能获得自信,从而产生学习的兴趣,建立起与成人的伙伴关系,成人才能了解儿童对世界的理解。

音乐教育的过程一般要经历三个层次:第一层,感官的认知——主要依靠听觉感受音乐的旋律、节奏等;第二层,情感的体验——个体加入主观分析和个人理解,与音乐作品产生共鸣;第三层,理智的升华——个体深入音乐意境之中,陶冶其艺术情操,满足个人精神世界。

(二)以民族与经典音乐为主的教育材料

学前儿童音乐教育的音乐素材可以包括传统民歌、古诗词、儿歌和游戏,以及民间音乐和欧洲古典音乐,这些素材都将有利于学前儿童建立良好的音乐品味和文化归属感。

如唱诵古诗词,其实就是吟诵与歌唱。就艺术最早的起源来讲,诗和歌原来就是一家,如我们耳熟能详的《诗经》《楚辞》和《乐府诗集》等,其实都是民歌;大多数唐诗也是在当时传唱的,所以唐诗在过去也被称为诗歌。

我们主张的唱诵古诗词,并不是完全拟古不变,它不同于我国晋代吟咏大师谢安倡导的"拥鼻吟"——主要靠鼻腔的"吟",也不同于国学大师文怀沙古风古韵的和具有深厚文化底蕴的"吟",更不能简单地将其理解为拖长声音的诵读,而是让幼儿用自然的声音按照某种节奏进行朗诵并演唱古诗词。

诗歌用最精粹的语言表达感情,不但追求形象美,也追求声音节奏美。我们观察《咏鹅》音乐教育活动时发现,当《咏鹅》的音乐一响起的时候,孩子们自然而然地随乐拍起小手,并且随着旋律哼唱起来。

诗词歌曲的选择需要具备以下三个标准:①具有民间音乐的特征和特性,具有审美价值;②符合现代幼儿的音乐审美心理;③在3~6岁儿童歌唱能力范围之内。

在经典音乐材料方面,应当主要选择音乐教育家推荐的优秀作品,以篇幅较短小的标题音乐为主。由于儿童喜欢欢快、鲜明的节奏和曲调,喜欢在游戏、歌唱、律动和表演中学习音乐,所以要采用多种课程形式让儿童熟悉世界名曲,为以后持续的音乐学习打下良好基础。

(三)以"音乐语言"的感知为基础的审美教育

学前儿童音乐教育是审美的教育,也是音乐感知能力培养的过程。审美能力可分为几个层次:一是敏锐的"音乐语言"感知能力,二是音乐想象力和情绪情感的培养,三是审美理解能力的培养。这里所说的"音乐语言"是抒发乐思的各种音乐元素,包括节奏、旋律、结构、表情、色彩等。

1.音乐的节奏

一段可以称为音乐的东西可以没有旋律,但绝对不可以没有节奏,节奏也被人们称为音乐的骨骼。节奏是体验音乐美感的重要内容,它充满动感和活力。节奏有变化,有发展,有自己的发展轨迹,绝不仅仅是一种枯燥的逻辑排列。我们应该创造更多机会,让幼儿从音乐活动中直接获得节奏的体验,逐步形成节奏的内心感觉。音乐的节奏对幼儿的音乐能力培养有着重要的作用。

(1)提高幼儿的音乐素养

节奏蕴含在音乐作品中,听节奏感比较强的音乐的时候,幼儿会不由自主地舞动起来。另外,幼儿的听力受到刺激,传入大脑,可以促进其大脑的发育,时间久了,他们的音准、音高、和声、调性和整体的节奏感就会提高,这样,幼儿的音乐素养就会得到提高。

(2)促进幼儿的注意力和记忆力

在很多的音乐游戏中,幼儿需要集中注意力听音乐中节奏的变化,以便于变换动作,这个过程可以帮助幼儿去记忆这个音乐在什么地方有不同的节奏变化,从而发展幼儿的注意力和记忆力。

(3)提高幼儿的创造力和表现力

在用身体动作表现节奏的时候,孩子们会想到拍身体的各种部位,并采用各种拍法。例如,在学习《我的小鼓会说话》这首歌曲时,幼儿可以进行歌词的创编,使小手、小脚、肚子等身体部位也会"说话";在学习《小老鼠上灯台》这首歌谣时,可以让孩子们去想象小老鼠和小猫咪的形象,并在公众面前表演出来。

(4)促进幼儿的情感表达、情感发展

有研究证明,音乐活动不仅可以促进幼儿血液循环,而且也可以促进其心肺、呼吸器官等的发育。尤其对于节奏感极强的音乐,幼儿会不自觉地手舞足蹈,这个时候就会调动其全身器官参与活动,促进其身心发展。

(5)促进幼儿的自控能力发展

节奏是有一定规则和规律的,要想演绎出好听的旋律,就需要遵循这样的规则和规律。在这个过程中,不管是通过打击乐器还是律动,幼儿都可以在一种愉快轻松的、不带有强迫性质的状态下,集中注意力听节奏,按着音乐的节奏去进行,这也在无意识的情况下培养了幼儿的自控能力、自律意识和规则意识。

(6)促进幼儿智力发展

大家都知道,左右大脑有不同的功能,左脑一般比较繁忙,负责语言、计算等功能;右脑就相对比较清闲,主要负责绘画、音乐、空间知觉等功能。音乐活动需要幼儿去熟悉旋律,感知节奏,需要左右脑相互配合,完成对音乐不同形式活动的感知。

2. 音乐的旋律

旋律具有音高的变化,产生高低起伏的音变。旋律是音乐中最明显的因素之一,幼儿可以通过唱歌或演奏来体验流畅的旋律。如果能使声音可视化,显示旋律的跌宕起伏,就可以让幼儿对旋律的理解更深入,所以,教师应利用这些图像来设计一些有趣的音乐活动,以提高他们对音乐的敏感度,使其多感官地感受旋律,旋律的感知能为日后掌握歌曲的音准打下良好的基础。

而有的教师对于音乐旋律的重视远远不够。这将导致很多幼儿在学习过程中根据自己的理解随意发挥,出现走音现象而不自知,无法使幼儿领略到音乐的真正魅力,最终会导致幼儿逐渐丧失学习兴趣。所以教师应足够重视音乐旋律的教学,可以让幼儿真正懂得什么是旋律后,再进行技能的练习,两者相辅相成。

3. 音乐的结构

音乐结构是音乐的基本要素之一,它是一个合理的逻辑安排,可以在有限的时间内激发人的情绪,理解音乐的关键就在于理解音乐的形式。

帮助儿童理解音乐的组成,我们可以采用游戏等多种方式,引导儿童认识音乐的对比、排列等组成方式,这被称为曲式结构。多段体的音乐通常会重复某一些旋律或者按一定规律进行变化,我们可以让儿童去分辨哪里是重复的、哪里有变化、哪里有不同等。

教师通常会遇到不知道如何引导幼儿感知音乐结构的情况,往往会认为感知音乐结构这个问题是比较复杂的,不适合进行教学。那我们先来分析一下,音乐结构到底是什么?音乐是一系列运动的元素,只能在一个连续的时间过程中产生。它还具有各种成分同时形成和消失的特点。当人们欣赏和理解音乐时,他们需要一个统一的记忆和思维结合成一个连续的瞬间印象。总之,结构是组织音乐元素表现的一种方式。学前儿童音乐教育应从音乐本身来感知情感,通过即兴发挥和直接接触来加强幼儿对音乐的理解。在教学中,幼儿可以通过朗读句子,结合律动、游戏等活动,逐步感知音乐的基本结构。例如,在《小雨点旅行记》的教学过程中,幼儿可以通过游戏的构造图先感知音乐,然后再来理解音乐的结构。

4. 音乐的表情

就像人有喜怒哀乐一样,音乐也有表情语言。比如,有的音乐让幼儿能开心地跳起来;有的音乐让幼儿随之舞动;有的音乐雄壮有力,这些都是音乐的表情语言。

教师可以用一种简单的即兴表演游戏,让幼儿用角色的表情来理解音乐的表情。如果将这种即兴表演的方式运用在音乐欣赏的课程上,将会最大限度地调动幼儿的兴趣和参与感。例如,在讲述音乐故事《彼得与狼》这个案例时,教师就可以在案例中使用这个方法来表现不同音乐主题和乐段的不同的"表情"。

5. 音乐的色彩

音色就代表了音乐的色彩。音乐的音色是具有启发性的元素,代表了同时发声的音调和谐波,它们融合在一起形成了不同的波形。音色在音乐中的地位就像色彩在绘画中的地位一样。

比如,打击乐器中,鼓类比较常用的有手鼓、铃鼓、大鼓等,这种乐器音量较大且浑厚;木质类,如单响筒、双响筒、蛙盒(响板)、木鱼等,其声音清脆而短促,颗粒性较强;金属类,如三角铁、碰铃、锣等,其声音响亮且绵延;散响类,如串铃、沙锤等,其会发出哗哗的响声。在奥尔夫教学法中用到的音条乐器主要分为三种:金属琴、钟琴和木琴。金属琴又名钢片琴,其音条比钟琴要厚、要大,且声音柔和,同时还具有神秘色彩;钟琴的声音清脆而响亮;木琴的音色温和,常作为旋律声部。

(四)灵活多样的综合音乐教育

优秀的教师会采用综合性的教学策略引导幼儿积极地参与学习活动,使其在优美的音乐下轻松地获得情感体验,在激发幼儿音乐兴趣的同时,会使幼儿加深对音乐的认知并主动探索。而有的教师上课时采用的是过于传统的方式,我们曾在一个幼儿园看到教师教唱《小星星》这首歌曲,开始的时候一些孩子轻轻地唱着音乐的旋律,但是这名教师觉得孩子们的声音太小,让孩子大声地喊出来,导致有的孩子扯着嗓子用尽全身的力气唱这首歌。这种做法既没有让幼儿体会到音乐的美感,也没有使用正确的教学策略让幼儿身心健康发展。学前儿童音乐教育的方法,集中地建构在综合音乐教育的基础上,需要通过个人的歌唱、律动、打击乐演奏和表演,而且通过多种形式去学习和体验;不只是单纯的歌唱,而是将小音乐剧、音乐故事、音乐游戏、歌唱、体态律动以及节奏乐等综合表演形式有机地结合起来,使幼儿获得全面、丰富、饱满的快乐体验和表演的自信。

二、学前儿童音乐教育教学方法

(一)以感受为主的方法

感受音乐美是幼儿音乐能力和素养的基础,是表现和表达以及创编创造的前提。审美感受的建立以音响的感受为前提,其次内化到幼儿的内心情绪与情感的共鸣,最后迁移到其他领域和精神层面,从而使幼儿获得审美体验。

1.以儿童为视角

(1)声音探索

音乐是声音的艺术,探索声音,也就是探索音乐的萌芽,用听觉来吸纳美好的声音的信息,这是感受的最初阶段。幼儿通过听觉认识世界,各种美妙的声音带给幼儿一个色彩斑斓的世界。在活动中,教师可以提供各种声音,引导幼儿去发现各种声音。例如,水龙头没关紧,有"滴答滴答"的水声;"叮咚叮咚"门铃在响,是谁来了;乐器家族的大鼓小鼓,会发出"咚咚"的声音;火车开了,会发出"呜呜"的声音……这些声音都是音乐的元素,构成了美好的"交响乐"。幼儿的耳朵很灵敏,相较于成人能够感知更多的声音。通过探索声音的游戏,不仅使幼儿对声音建立起最初的体验,听觉更加敏锐,而且让幼儿对自然界的观察兴趣更浓了,帮助他们感受自然界与生活中的美。所以,教师应当经常用"猜猜什么声音""音乐在哪里""谁在唱歌"等探索声音的方式,提升幼儿对音色、音调等声音的感受力。

(2)情感调动

音乐作品本身就是作曲家情感的浓缩,所以会引起幼儿的情感共鸣。在进行音乐欣赏时,能够引起幼儿情感共鸣的音乐会调动幼儿对音乐欣赏的兴趣。例如,让幼儿欣赏《我和我的祖国》,可以引导幼儿知道热爱自己的祖国可以用歌唱的方式来表达;听着《茉莉花》,自然感受中国江南小调的委婉旋律,感受中国文化的熏陶;让幼儿欣赏《闲聊波尔卡》,可以引导幼儿学会用音乐来对话和交流,并且相互回应;让幼儿欣赏《动物狂欢节》,可以了解法国作曲家眼中的有趣的动物王国,那里有狮子王、大象、公鸡和母鸡,还有长着长耳朵的驴,等等。在情感的调动中,教师可以用讨论法,让幼儿充分表达自己的情绪和情感;用作画的方式,让幼儿把内心的世界用图画表现出来,让听觉与视觉充分联系;用肢体动作的方式,表现出是开心还是激动,是安静还是有力的情绪,等等。总之,通过这些方法让音乐引起幼儿的情感共鸣,可以唤起幼儿丰富而美好的情感,使其身心获得熏陶。

（3）想象与联想

幼儿审美经验的获得通常是自身的感受加上联想与想象。比如,教师让幼儿聆听《动物狂欢节》的时候,开始引子部分是钢琴演奏出来的一段旋律,短促、嘹亮而有力,好像是号角的声音。可以让幼儿想象:"这段音乐像什么?""对,像鼓乐队在演奏。""那么通常是什么情况下在演奏呢?""迎接大人物啊,欢迎仪式啊。"教师引导幼儿继续展开联想。低音提琴响起,低沉而有力的声音出现了。"那么,这个大人物是谁啊?""对,就是第一段的主角——狮子王出场了。"从而引导幼儿感受音乐的主题和旋律。其中,主旋律中还有几段特别类似的声音,音阶的上行和下行,声音由小到大,再由大到小,循环几次。这里就可以用肢体表现的方法来感受,同时让幼儿继续想象:"这又是代表什么意思呢?""是什么动物来了吗?"有的幼儿会想象成一只兔子跑过去了,有的幼儿会想象成狮子王在吼叫……大家会各抒己见。此外,教师还可以用讨论的方式看看大多数幼儿想得是否一样,然后再说出自己的想象。这里的想象可以分几步走:第一,"声音是什么样的";第二,"感觉是开心还是生气";第三,"好像谁在干什么",通过讨论、提问、绘画、肢体动作、模仿等多种方式让幼儿展开审美想象。

2. 以教师为视角

教师还可以借助多种方式来帮助幼儿感受和欣赏音乐。

（1）讲故事

教师在引导幼儿欣赏前,可以讲述或讲解相关文学或艺术作品,如作品创作背景、故事或谜语等,结合幼儿认知经验和当前的情境,引起幼儿的参与兴趣,帮助幼儿理解音乐作品。

（2）游戏

在教师或师幼共同设定的某种情境中,幼儿使用自己能够驾驭的方式,根据教师引导或自愿参与音乐游戏的过程便是幼儿自主自由的活动环节。

（3）图谱

音乐图谱是教师根据对音乐作品的理解,将音乐作品图谱化,让幼儿在读图谱的过程中欣赏音乐,了解乐曲的结构、作品的旋律特点,想象音乐故事,创编动作等,这是一种音乐教学中常用的便于让幼儿欣赏音乐的一种形式和方法。

（4）动画片

教师通过图片、音像或 Flash 等媒体表现形式使幼儿倾听、感受音乐作品，再通过一定的动态或静态的图像帮助幼儿学习、掌握音乐作品的内涵，从而感知音乐作品，达到音乐素质教育的目的。

（5）表演

表演是教师借助道具表演或直接表演，将音乐作品的内涵、乐曲旋律以及曲式表演出来，从而帮助幼儿欣赏音乐作品的一种形式和方法。

（二）以表现为主的方法

音乐是需要表现和表达出来的，音乐表演也是幼儿最感兴趣的。幼儿园里通常有小舞台，意在充分发挥幼儿的表演天赋，提升他们的表演能力。

1.声音的创意和歌唱

首先，声音的创意是一种表演。它不完全等于歌唱，而是用自己的声音去模仿大自然中的声音，如鸟鸣、老牛的哞哞声、蛇的咝咝声、青蛙的呱呱声等。借助声音的力度、速度、节奏、高低等的变化，表现所要创设的场景或者形象。幼儿特别喜欢对各种声音进行探索，同样会喜欢声音的创意。教师可以让小朋友闭上眼睛，大家一次创设一种声音，表现一种小动物或者一种生活中的声音等，然后大家猜一猜，每个人都不能重复。这样的游戏，会让幼儿打开思路，用声音去表现生活和自己的情绪。同时也解放了自己的声音，认识了自己的声音，充分地变化自己的声音，让声音具有表现力。

其次，歌唱在表演的时候能够带有一定的美感，或者将某种情感加进去。教师要引导幼儿，把自己感受到的用歌声演唱出来，表现特别开心的歌声，就用明亮的音色；表现抒情的情绪，就用柔和的音色；引导幼儿学会控制自己的声音，不仅能够大声唱、小声唱，还能够变化一定的音色适应不同歌曲的表演，从而增强歌唱的表现力。

2.戏剧表演

戏剧表演就是将戏剧策略引人音乐表演中，经常使用的方法有"满天星""魔法棒"等。比如，幼儿在播放音乐后随着音乐旋律自由行走，然后教师给出一定的引导语，幼儿根据教师的引导语进行角色上的变化，当教师说"春天来了，动物园里的小动物要出来散步了，请你们变成一种你们喜欢的一种小动物"时，幼儿通过"想象动作"展开想象力，一方面肢体得到了锻炼，同时也能很快地以这种方式进入音乐课的主题。

在课程方面，首先是对"人物"的模仿，教师可以根据某些真实人物或想象中人物的特质来设计活动，可以根据人物的外貌特质、性格特征、表情外化等进行动作表演。比如，音乐欣赏活动"小小粉刷匠"，粉刷匠的形象很鲜明，幼儿可以根据自己想象的粉刷匠的样子进行角色扮演，可能一些幼儿不愿意当粉刷匠，想要成为粉刷匠手里的刷子，这都可以，因为只要是音乐中的人或物都应该是有故事的。对"动物"的模仿，教师应鼓励幼儿根据不同动物的外形或者不同的特征进行模仿,如歌曲《小蜜蜂》中,小蜜蜂的形象就是幼儿模仿的对象。对"物品"或"符号"的模仿,虽然没有动物那样有鲜明的模仿特征,但是在动作上可以产生许多变化,如"气球"会随风飘动,也会爆破或泄气。对于一些"符号"的模仿,我们可以施加一些"魔法",使单纯简单的符号发生改变。对"自然"的模仿,幼儿可以根据想象对风、雨、雷、电等这些自然现象进行模仿,如歌曲《小雨沙沙》中,幼儿能够根据自己看到的不同的雨的样子进行模仿。

戏剧策略魔法棒的运用,是指教师作为领导者,让每个幼儿都参与歌曲音乐内容的表演,教师讲述音乐内容,随机指定幼儿扮演音乐内容中的角色,这样,幼儿不是简单地在教师的引导下参与内容复述,而是用肢体动作将自己所理解的内容加以想象地表现出来,在用肢体表现的同时不会因为幼儿语言发展的限制对故事的理解产生影响。而且在魔法棒的作用下每一名幼儿都是音乐内容中的角色,这会大大增加他们对故事内容的认同感。在实践的过程中,每一名幼儿都可以成为那个手持魔法棒的领导者,他们可以在自己的想法下领导幼儿呈现他们所理解的那个音乐片段。

除了满天星、魔法棒外,还有动作朗诵、文化建构等一些适合活动导入部分的戏剧表演的方法,教师应当根据音乐活动主题选择戏剧策略,也要注意音乐的特点和本班幼儿的年龄特点。

3.媒介参与

教师通过多种形式的媒介物,如故事、道具、多媒体等来创造更多的表现方式。例如,教师播放音乐《闲聊波尔卡》,随着音乐,教师讲故事,幼儿用小鞋子做动作。一只小鞋子跳出鞋柜,摆了一个可爱的造型,接着,另一只小鞋子跳了出来,和第一只小鞋子面对面,摆了一个同样的造型,然后它们开始一起跳舞。突然,小鞋子们听见了响声,它们赶紧回到鞋柜里,悄悄地瞄了一眼,原来爷爷还没醒,它们又出来玩了一遍,一共玩了三遍。第二天清晨,快到爷爷起床的时间,小鞋子们才回到鞋柜里,站得整整齐齐,好像什么都没发生过一样。(动作:幼儿拿着小鞋子道具,在双腿上做动作,随着音乐的三段乐句做动作,动作与音乐相结合。)

在活动中,通过媒介物——小鞋子的表演,将音乐作品的乐曲结构具体形象化,手部动作与音乐的三个乐段相对应,表演小鞋子跳舞的情境,教师讲述的小鞋子深夜舞蹈的故事与幼儿的小鞋子表演相对应。表演后,当教师提问《闲聊波尔卡》有几个乐段时,大多数幼儿能够说出《闲聊波尔卡》有三个乐段,从而更好地达到了活动的目标。

(三)以创造为主的方法

幼儿有着丰富的想象力和创造力,他们通过音乐学会用心灵去感受和发现美,用自己的方式去表现和创造美。在幼儿园中,常见的创造性教育方法主要有创编歌词与故事、创编动作、创编节奏等。

1. 创编歌词与故事

创编歌词是指在原有节奏和旋律不改变的情况下，加入或创编新的歌词。在创编新歌词的教学活动中，一般应该遵照原有的歌词韵律进行改编或填词，根据曲调旋律的上行或下行进行编配，以保证编唱的结果能够富有童趣，让幼儿更喜欢歌唱。

另外，在音乐欣赏活动中，教师会通过创编故事、猜谜、动画片、表演的方式，引出音乐作品或活动内容，其中创编故事的方法使用情况较为普遍。

2. 创编动作

创编动作是指根据音乐的形象和内容，结合音乐的旋律、节奏、速度、结构的变化进行动作的表现与编排。

3. 创编节奏

创编节奏是指用节奏元素组成不同的组合，并且按照模仿、问答、叠加等方式进行组合的过程。例如，在活动中先分小组，创编一段简单的节奏，然后要求用拍手、跺脚和拍腿等身体的动作演奏出来。在没有乐器的条件下，选用一种声源进行创编，可以创编声势，也可以创编节奏型。

第三章　学前儿童音乐教育体系与流派

第一节　达尔克罗兹音乐教育体系

一、达尔克罗兹音乐教学法的主要内容与方法

达尔克罗兹认为,音乐学习应遵循这样一个螺旋上升的过程:听—动作—感受(情感体验)—感觉—分析—读谱—写谱—即兴创造—表演。因此,他的教学法中由体态律动,视唱练耳和即兴创作三个部分组成,它们之间互相联系,又各有侧重,成为一个整体,以培养和发展学生的内在音乐听觉、运动觉和创造性的表现能力。

（一）体态律动

达尔克罗兹曾说,人类的情感是音乐的来源,而情感通常是由人的身体动作表现出来的,在人的身体中包括发展感受和分析音乐与情感的各种能力。因此,音乐学习的起点不是钢琴、长笛等乐器,而是人的体态活动。

体态律动是达尔克罗兹教学法中最核心的组成部分,它集中体现了达尔克罗兹的音乐教育理念。他曾形象地把身体、人体比喻成乐器,是一种能够理解音乐的要求、解释音乐的部分和整体的一种乐器,通过身体动作的"弹奏"把对音乐要素的理解展示出来。当学生根据音乐激发的情感以肢体动作做出相应的即兴反应时,其对音乐发展变化的感知也会变得敏锐。因此,体态律动教学法应运而生。

体态律动又称和乐动作,不同于简单的、用音乐伴奏的舞蹈动作和表演动作,是一种自然、放松状态下的身体律动,强调的是人在聆听音乐时,学习用内心去感受,通过身体的即兴动作来表现速度力度、节奏疏密、旋律起伏及情绪变化等音乐要素。这一练习意在将声音感觉与肌肉反应相结合,加强听觉与运动觉、情感和思维的联系。这种训练不注重身体姿态或外表形式,而是着重于培养学生对于音乐的体验和感受。

节奏训练是体态律动的中心内容。根据达尔克罗兹的理论,体态律动的教学目的是借助节奏来引起大脑与身体之间的迅速而有规律的交流,达到情感与思想、本能与控制、想象与意志之间的协调发展。为了训练、培养学生的节奏意识,达尔克罗兹以"时间—空间—能量—重量—平衡"作为基本定律和要求,归纳了三十余种基本节奏因素,其中包括速度、力度、重音、节拍、休止、节奏型、乐句、单声部曲式(乐段、主题、主题与变奏等)、切分、赋格、复

合节奏等,打破一般人认为节奏只是数拍子的刻板印象。

在体态律动教学实践过程中,所采用的一般方法如下:

第一,在开始阶段,主要播放即兴音乐材料。在学生对音乐的要素有了较为深刻的理解之后,再用经典的音乐作品。

第二,通过律动语汇来学习。根据动作发生位置的转换和空间的不同,律动语汇主要包括两种类型:一种是位置动作,是指在固定方位内的人体动作,如拍掌、摇摆、转动、踏步、指挥、弯腰、旋转等;另一种是空间动作,是指改变位置的活动,包括走、跑、爬、跳、滑、蹦、快跑等。在这些活动中,身体成为感受和表现音乐的工具,不同的肢体运动对应不同的音乐要素,如手位的高低变化表示音高的不同、旋律的走向,肌肉的张弛表现音乐力度的变化等。对多声部音乐的表现则更为复杂,可将身体多个部位动作结合表示,也可将两种类型的动作任意组合表示,或多人分做不同的动作表示,丰富多样的律动语汇结合使用具有惊人的表现力。如走的练习,一般从教速度开始,让全班学生按规定速度走路或摇摆,然后加上喜、怒、悲、惧等感情,速度不能改变。探索不同的走路方式,如跑跳、并跳等,还要探索不同的方向感,如向前、向后、向右等,启发学生想象和创造。

第三,教师可敦促学生将身体运动与声音内在性有机地结合在一起,以发展内部听觉和运动觉、动觉的想象与记忆力等。

达尔克罗兹的教学试验最初是以音乐学院的学生为对象的,但是当他发现音乐与身体运动的结合训练特别适合于学前儿童的天性和本能时,便扩展到了儿童音乐教育的领域中。适宜的体态律动活动可启迪儿童的音乐感知力,唤醒孩子热爱音乐的本能。

(二)视唱练耳

达尔克罗兹指出,一切音乐教育都应当建立在听觉的基础上,而不是建立在模仿和数学运算的训练上。视唱练耳是发展学生综合音乐能力的重要手段,可以帮助学生发展听力和记忆力,培养绝对音感,从而形成良好的内心听觉。在他的教学体系中包括了数千种视唱练习,其主要目的是通过系统的听觉训练,提高学生读谱视唱能力以及节奏、旋律、和声、复调、风格、音乐分析等方面的感觉、能力和技巧。在具体的教学实践中,他是将耳、口与身体,并加上语言与歌唱的形式来作为理想的教学工具和手段的。

其主要特点表现在以下两点:

第一,视唱练耳与体态律动相结合。达尔克罗兹设计了一系列练习来训练学生的音高、音准和调性。此方法还可通过练习呼吸、姿态平衡和肌肉放松来实现快速读谱所需的技巧。譬如在休止节奏练习中,学生被要求随着教师的音乐拍手,当音乐休止时动作立即结束。

第二,以固定唱名法为主要教学手段。达尔克罗兹认为绝对音感对于音乐学习者而言具有重要价值,因此他的教学以固定唱名法为主要训练方法。固定唱名法也叫"固定找 do 唱名法",它是一种永远把五线谱上的 C、D、E、F、G、A、B 七个基本音级和它们的变化音级相应地唱作 do、re、mi、fa、sol、la、si 的唱名法。无论乐谱上是什么调号,也无论七个基本音级怎样地升降变化,其唱名永远固定不变。

(三)即兴创作

达尔克罗兹教学法中的即兴创作,是发展运用律动材料(节奏)和声音材料(音高、音阶、和声)的技能,培养学生创造音乐、表现音乐能力的方法。即兴表现的手段包括歌唱、语言、故事、演奏乐器及表演等。

最初的即兴课可建立在对固定音型、节奏型的模仿与改编上。如采用即兴问答的形式,两个表演者中后者根据前者表演的音型即兴答出下句,要求保持速度的统一和音调的连贯性。在掌握较为简单的游戏方式后,难度可逐渐增加,如根据教师演奏的和声片段即兴唱出旋律或演奏。

在教学实践中,教师的即兴工具以钢琴为佳。如若教师键盘能力有限,则可使用其他乐器,如敲击乐器;针对学生而言,各种乐器、人声和身体皆可成为他们即兴表达创作的媒介。

对于学前儿童来说,即兴创作的音乐活动是从儿童学习音乐之初开始的,对于儿童的想象力、创造力的培养起着至关重要的作用。因此,即兴创作应该成为学前儿童音乐教育的一种重要实践活动。

二、达尔克罗兹音乐教学法的基本原则

随着时代的发展,达尔克罗兹音乐教学法中的教学手段、教学方法不断扩展、更新和完善,但其四项教学原则始终如一,适用于不同年龄的学生和不同的活动方式。

(一)培养学生感知音乐和反映音乐的能力

有些人天生拥有音乐感知能力,但在达尔克罗兹教学法中,这种能力是完全可以通过后天的游戏和节奏反应训练来获得并逐步增强的。无论是体态律动教学还是视唱练耳训练,都是围绕着培养学前儿童音乐感知力和反应力的目标展开的。

(二)发展学生内在的音乐听觉

不借助演唱、演奏而建立的对音乐作品的内心把握称为内在音乐听觉,即根据乐谱产生对音乐的想象。作曲家可以不用乐器而进行音乐创作;表演者能够根据乐谱在脑海中再现音乐,并借此完善音乐的再创作过程。达尔克罗兹将培养内心听觉作为音乐课程的重要任务之一,并设置了节奏运动、视唱、即兴活动等多种音乐记忆练习。

(三)发展学生耳、眼、身体和脑之间进行迅速交流的能力

达尔克罗兹强调音乐学习的起点不是乐器,而是人的体态律动。先聆听音乐,再引导学习者通过身体运动去接触音乐的各种要素。因而音乐教学中首先要培养学前儿童运用所有的官能参与体验,其次才是获得知识和技能。歌曲 *Listen And Move*(《听与动》)就是很好的教学例子。

(四)培养学生大量储存听觉和动觉意象的能力

听觉和动觉意象可以通过大脑的反应转化为音乐符号,并且能经过记忆再现达到帮助即兴表演的目的。达尔克罗兹认为,有意识地储存听觉和动觉意象能使学生对音乐的感知变得更为敏锐,因此在教学法的各个环节都贯穿有听觉和动觉练习,意在达到通过长期的训练帮助学生储存大量听觉和动觉意象的目的。

第二节　柯达伊音乐教育体系

一、柯达伊音乐教育理念的形成与发展

柯达伊音乐教学法创建于 20 世纪初,他的教育理念主要包括重视青少年音乐教育、关注音乐教育的普及和倡导民族音乐的传承等方面。特别是 1925 年以后,他开始对儿童的情感和审美教育进行研究,并为儿童写作音乐读写教材和合唱作品,亲自撰写文章,去各地演讲,以推动匈牙利儿童音乐教育的普及和发展。以他的名字命名的"柯达伊教学法"是构成当今匈牙利音乐教育的基础,也是当代世界上最具影响的音乐教育体系之一。该体系具有高度严谨的结构,教材内容大多取材于匈牙利民歌或以本民族风格创作的多声部合唱,以集体歌唱为主要教学形式,五声音阶为视唱教学的起点,采用首调唱名法及柯尔文手势等教学手段。

柯达伊的音乐教育观念离不开他对匈牙利国家的历史、民族斗争的历史、音乐文化发展史、美学等的深入探究,体现出博大的艺术观和深厚的民族音乐文化精髓。他始终认为,培养有修养的音乐听众和培养音乐家是发展音乐文化不可分割的两个部分,专业音乐教育的发展不能脱离全体人民音乐文化的基础和实际水平,人人都应该有接受音乐教育的权利和义务。

柯达伊认为,音乐是人类文化不可或缺的部分,音乐教育应及早开始,因此,幼儿园时期开始的音乐课程对塑造人的完整人格有着重要意义。歌唱是音乐教育的基础,带有游戏性质的歌唱活动符合儿童的天性,可增加儿童参与音乐的热情和体验音乐的乐趣。例如,配合布袋玩具"鳄鱼的大嘴巴"和"小鸭子的小嘴巴"启发儿童感知声音的强弱;用红绿灯交替出现,练习张口唱和内心唱。母语演唱的民间歌曲是音乐教育中最基础、最适宜的教材,不但能培养儿童良好的音乐趣味和审美感,而且能增进儿童对于民族音乐文化的感情。在师资的培养上,柯达伊主张高素质的幼儿教师不但要完成一般的必修课程,还需在合唱、指挥、教学方法论等方面接受严格的训练,此观点一直贯穿于匈牙利的幼儿教师培养中。

柯达伊音乐教育体系建立于早期教育的基础之上,受英国的柯尔文、瑞士的达尔克罗兹、法国的艾米里·约瑟夫·契夫等音乐家的影响,广泛吸收、借鉴了一些国家行之有效的

方法。从幼儿园至音乐学院，从欧洲、美洲到亚洲，他的教育理念对世界各地的音乐教育产生深远影响，尤其是对音乐教育中弘扬和关注民族音乐文化方面极具启示意义。为纪念、学习、研究柯达伊音乐教育体系，世界各地先后建立柯达伊学会（如东京、波士顿、渥太华、悉尼、北京等），成功地造就了大批具有较高艺术修养的音乐爱好者。

二、柯达伊音乐教学法的主要内容与教学手段

柯达伊音乐教育体系的最大特点是对前人和国外优秀教学经验的借鉴及其与本国实际情况的有效结合。这些内容相互融合，形成了一个有机的整体。

（一）创建系统丰富的教材体系

柯达伊一生中除了编写大量的儿童合唱作品外，还专门编写了不同程度的教材。其数量之大、艺术规格之高，在各国作曲家中都是罕见的。他的教育体系中以系统丰富的教材培养学生的听觉、读写、视唱等全面的音乐能力，对节奏感、准确歌唱、音乐读写等各项学习内容，都突出强调多声部能力的培养。

针对儿童音乐教育，他认为，学校教学材料选择的标准是"只有最好的才适合于给儿童"。给儿童所用的教材只能来自三个方面：真正的儿童游戏和儿歌；真正的民间音乐；优秀的创作音乐（由名作曲家创作的音乐）。简练、纯朴、富有生活情趣的民间歌曲是引导儿童进入音乐世界的最好材料，是培养儿童热爱民间音乐、继承民族传统的必由之路。为此，他收集整理了大量优秀的儿童歌曲和匈牙利民间歌曲，并创作了许多五声音阶的儿童合唱曲，让儿童从小就感受并热爱音乐母语。这些丰富的、具有特色的教材是柯达伊教育思想得以实施的重要保证之一，也是柯达伊教育思想区别于其他教育体系的突出特点和重要内容。

（二）以歌唱作为音乐教育的基础

柯达伊认为通过歌唱最容易接近音乐，唱歌也是最容易表达思想情感的音乐形式。有了歌唱的基础，更高层次的音乐教育才能够得以发展。他认为合唱中的忘我投入，所创造的和谐之美，可以造就集体感和友谊，能够给人声带来精神的升华。由此可见，柯达伊非常重视歌唱的教育作用，同时肯定了合唱的教育价值。

歌唱教学在初学阶段大致有以下做法：第一，以匈牙利民族调式为歌唱材料，教学中基本上不使用钢琴教唱歌曲和伴奏。第二，在歌唱训练中不过分强调所谓正规的发声练习，儿童对良好的发声掌握主要来源于教师的范唱。第三，多声部音乐能力的发展可以促进听觉的准确、丰富，发展音乐运动能力的协调性，丰富音乐表现力，使学生体验在音乐活动中的集体协作、默契配合。因此，自然、优美、和谐的多声部音乐是其训练的诉求。第四，由于不用钢琴伴奏，教师可运用手势调整学生的音高、声部间的关系和调动学生的情绪。

流畅读谱是器乐学习非常重要的前提条件，而在歌唱中逐渐掌握读谱技巧相对容易，柯达伊提出歌唱应当作为器乐学习的基础。因此匈牙利音乐教育界约定俗成的法则之一便是

学习演奏器乐的儿童必须有一年以上的歌唱预备训练。

(三)使用首调唱名法

首调唱名法又称可动唱名法、流动 do 唱名法,即在视唱时,无论用的是什么调,一首歌的重音或中心音都是大调的 do 和小调的 la,各级音阶的唱名都不变化,此唱法有利于建立音级的倾向,确立调式功能感。

在歌唱中采用首调唱名法可使调性关系变得明确,音级之间的固定音程较容易把握。比如无论在哪个大调式中,Ⅰ级到Ⅱ级一定是大二度,因此 do 到 re 的关系即为固定的大二度。

首调唱名法使调式音级相对"固定"下来,使人们对音调形成一种典型的、稳定的心理反应,能够长久地记忆下来,促进音乐感知、音乐思维的形成。同时,首调唱名法调式感强,相对音高易唱准,即兴伴奏便利,移调方便,可以帮助儿童很快地学会读谱。

值得注意的是,固定唱名法和首调唱名法是目前广泛采用的两种唱名法。在首调唱名法中,do 是可以移动改变的,但调式音级的唱名却是固定的,主音一定被唱作 do。而固定唱名法中,唱名则是与音名一一对应的。柯达伊认为,首调唱名法与固定唱名法各有利弊,因此宜将二者结合使用。在柯达伊教学体系中,固定唱名法是在学生基本掌握了首调唱名法之后再行引入的。具体方法是,在歌唱训练中运用首调唱名法,而在器乐学习中运用固定唱名法。与此相关的是,柯达伊认为,如果坚持训练,所有正常儿童都可发展固定音高感,因此在匈牙利幼儿园的音乐课上,通常必备一支音叉,以培养儿童对标准音的音高感觉。

(四)采用节奏时值读法进行节奏训练

节奏是富有生命意义的要素,节奏是音乐美感的重要来源,感知节奏是人的本能。为了增强儿童对节奏这一抽象概念的直观感受,柯达伊引入了法国人艾米里·约瑟夫·契夫的节奏名称体系。这种方法使节奏时值"符号化",具有可读性,改变了通常教学中节奏只有在联系了音高时才能听到时值的情况。

初学阶段使用节奏音节标记和读法,对节奏中的不同时值给予一个相应的音节发音,经过反复练习,会逐渐使音节符号、发音与相应时值之间建立稳定的认知联系,形成记忆,有助于学生建立节奏感觉、准确掌握节奏。

柯达伊提出,节奏是幼儿园音乐教育的主要方面。节奏感培养不但是感受音乐、理解音乐、表现音乐的基础,节奏活动还培养了儿童敏锐的感知能力、反应能力、记忆能力和自我控制能力。对儿童的基础节奏训练包括以下几部分。

1.体验稳定的节拍

稳定的律动、节拍是构成节奏的基础,对节奏起着内在的组织作用。学前儿童歌唱时常会出现赶拍子、拖拍子、节奏不稳定等问题,这些都和缺乏稳定拍感有关系。音乐中强拍和弱拍有规律地反复称为"节拍",建立稳定拍感是培养节奏感知觉的重要准备和基础。

从幼儿园阶段就可以通过身体律动、和乐的动作参与,使儿童体验并逐渐建立稳定的拍感。如教师可在读唱童谣时根据节拍引导儿童有规律地摇晃身体,以感受节拍稳定的律动。

2. 区分节拍与节奏

节拍和节奏是易发生混淆的两个概念。节奏指音符不同长短时值的组合。当儿童能独立辨别出音乐中稳定的节拍后,可加入对节奏概念的理解。如节奏教学的进度安排是从全音符到二分音符到四分音符再到八分音符……但柯达伊认为,对于一个还没有学会如何去感知基本节奏的初学儿童而言,这是有难度的。因此,对于儿童来说,移动的节奏比起持续的节奏更易接受,如利用节奏卡片来认识节奏符号。其中,四分音符是儿童步行、自然走路的速度;八分音符是自然跑步的速度,它们都是儿童日常生活中的节奏,易于儿童掌握。再如,用小猫表示八分音符,用大猫表示四分音符,猫咪的大小帮助儿童感受和理解节奏、时值的对比,逐步建立节奏感。

在固定时值的单位拍内,还会出现一些不同的、稍有难度的节奏,如均分节奏、切分节奏、附点节奏、休止节奏等。而其中相对固定的、反复出现的节奏即为节奏型,节奏型的归纳能帮助儿童更快掌握节奏。

3. 节奏的模仿和分离

当儿童熟悉了基本的节奏型后,便可着手教授其将节奏从音乐中分离出来的方法。以童谣《数蛤蟆》为例,利用象声词或动作帮助儿童感觉节奏的区别,这在早期练习中非常有用。做法是选择已经会唱、会读的歌曲或歌谣,以有趣的、游戏化的象声词替代原来的歌词和唱名,将已经熟练掌握的音乐片段弃除音高,以规定的象声词读出,如此就自然地完成了节奏分离的过程,经过节奏分离练习,儿童可以很容易地从较长的音乐片段中将节奏辨识出来。

此外,还可以做接收电报,卫星发信号、地面站接收,回声等游戏,教师拍击四拍长度的节奏短句,学生用击拍做回声式模仿,或者是用节奏音节背诵出节奏短句,这样既培养了听觉能力,也发展了记忆能力,同时还可以配合书写练习。

4. 多声部节奏配合

多声部听觉和多声部的协调配合是音乐教育中非常重要的学习内容。幼儿园阶段常用的多声部节奏练习从二声部练习开始。最简单的形式是将儿童分为两组,在先后或同时唱歌曲时,一组用拍手或敲击打击乐器,拍击稳定节拍伴随;另一组拍击节奏伴随,表现出稳定节拍与节奏的关系。

"卡农"就是轮唱,是复调音乐的一种形式。卡农形式的歌唱使相同的旋律在不同时间出现、在不同声部上重复。以《两只老虎》为例,可以直观看到,如何让相同旋律在不同声部上进行重复。柯达伊认为,歌唱卡农是发展多声部歌唱的最好准备。其中,较难的形式是学生与教师凭听觉做即兴的卡农式模仿。无论哪种练习,都要求练习者高度集中精神,既要聆听和辨别另外一个声部的节奏,又要保证自己演唱或敲击的节奏准确无误。

5.借助语言培养儿童的节奏能力

语言是人们情感表达、交流沟通的主要形式,是一个民族文化的重要内容。"音乐母语"包括语言、方言、歌谣、儿歌、诗词等多个方面。

歌谣在儿童音乐教育中具有重要作用。歌谣和歌曲一样,也有节拍、重音和节奏,有声调的轻重、快慢、高低的变化,也可以根据内容设计动作、组织游戏,对于培养儿童的基本音乐能力、感知音乐要素具有重要意义。它们之间的不同在于,歌谣使用文字,而歌曲使用乐谱;歌谣发出的是声调、语调,而歌曲是结合着语言的旋律音调的。年幼儿童的歌唱能力有一定的局限,而朗读则可以在难度、长度上大大地超出歌唱的局限,可以在培养节奏感、节奏记忆、对音乐要素和结构的理解、多声部配合等方面,促进儿童音乐能力的发展。

(五)使用字母谱与柯尔文手势

1.字母谱

字母谱是一种速记音高的标记法,主要用于辅助五线谱的学习,也适用于音程听写、多声部旋律听记和和声分析等教学内容。字母谱类似数字简谱,它使用唱名的辅音字头(d、r、m、f、s、l、t),表示高八度时,在字母右上角加一短撇,表示低八度时,在字母右下角加一短撇。字母只能标记出音高唱名,不能表示出节奏。

在学生尚未完全熟练掌握五线谱时,字母标记法减轻了他们在听记和辨识上的负担。字母谱对培养学生的听觉、掌握音级之间的关系、建立调式音阶概念等有辅助作用。利用字母谱的书写,可以帮助学生理解音级的高低及顺序关系,有助于掌握音准。

2.柯尔文手势

音乐教育家约翰·柯尔文于1870年创立了一套手势,柯达伊略作变动后引入了这套手势教学法。它借助七种不同的手势高低位置来代表七个不同音阶唱名,在视觉空间上把音的高低关系具体表现出来,目的是帮助学生理解调式音级的倾向性、音级的高低关系和音程的空间感,使抽象的音高关系变得直观、形象。它是教师和学生之间进行音高、音准的调整与交流的一个身体语言形式。

手势作为一种视觉辅助手段,主要用于初学和片段的练习,除了一些节奏简单、使用音级很少的歌曲,在初学时可能伴随着歌唱慢速地使用手势外,在平时歌唱时不需要全部用手势伴随。教学中,教师只需要把练习的重点、难点选择出来,借助于手势给予调整即可。在进行多声部训练时,教师用两只手提示不同声部的音高区别,也能帮助学生调整音准,建立较为准确的心理音高概念。

第三节　奥尔夫音乐教育体系

一、奥尔夫音乐教育的基本理念

奥尔夫音乐教育体系是以"原本性音乐"为前提的,可以说"原本性音乐"就是奥尔夫音乐教育的核心。奥尔夫在《学校音乐教材》中是这样解释的:原本的音乐绝不只是单纯的音乐,它是和动作、舞蹈、语言紧密结合在一起的;它是一种人们必须自己参与的音乐,即人们不是作为听众,而是作为演奏者参与其间。它是先于智力的,它不用什么大型的形式,不用结构;它带来的是小型的序列形式、固定音型和小型的回旋曲形式。

在围绕这个核心开展具体的奥尔夫教育活动时往往又呈现出一些共性的特点。

(一)元素性

奥尔夫音乐教育是从音乐元素入手进行教育的。奥尔夫将元素性解释为接近土壤的、自然的、肌体的、能为每个人学会和体验的、适合儿童本性的基本要素。例如,元素性的音乐是指以节奏为基础的音乐;元素性的节奏是指简单重复的节奏型;元素性的动作是走和跑;元素性的乐器是没有技术负担的人的肢体和打击乐器等。奥尔夫认为,元素性音乐是属于基本元素的、原始素材的、原始起点的、适合开端的音乐。因此,在他的作品中常运用最简易的不断重复的固定节奏型;旋律中用最易唱的五声音阶,较少使用半音音阶和变化音;调式中常用大、小调;和声中用最基本的Ⅰ、Ⅳ、Ⅴ级等。

奥尔夫音乐教育体系的课程设置、教学组织形式、教学方法、教材和教学工具等诸多方面都始终贯穿"元素性"这一重要特征。具体表现在,教学中每一个课例中都有其明确的音乐元素的教学目标,如感受声音强弱、速度快慢、旋律高低,以及音色、调性的变化等;而且在教学法上所采用的发展模式,也是在一个元素的基础上,不断加入新的音乐元素与表现手段。

(二)综合性

传统的音乐教育过度重视智能和技巧的发展而忽略了音乐的感受和陶冶的重要价值。音乐的原始形态,是多种形式的综合体,是一种综合的艺术。将音乐与其他艺术形式和手段融合,从而全面提升儿童艺术修养是奥尔夫音乐教育思想的特点之一。奥尔夫音乐教学法遵循儿童身心发展规律,联系儿童的生活体验,依据儿童的实际接受能力,借助各种音乐媒介对儿童进行综合性的音乐训练,体现出明显的综合性。在奥尔夫音乐教育体系中,朗诵、游戏、律动、奏乐、歌唱、表演舞蹈等都被融合在一起,形成十分鲜明的特色。

奥尔夫认为,对于儿童来说,获得完整的、全面的、多样的综合审美体验是十分有必要的。因此,奥尔夫的教学采用综合的形式,即整个教学过程是通过两条主线来变化进行的。一条是不断增加和变换的音乐元素,如节拍、节奏、调式、和声等;另一条是通过朗诵、歌唱、律动、舞蹈、奏乐、游戏、即兴表演等不同形式的艺术实践活动来丰富音乐的表现形式。

(三)主体性

奥尔夫音乐教育体系中强调以教育对象为主体的教学理念。一方面,奥尔夫认为任何水平层次的儿童都应当在教育中受到充分的重视,无论是具有特殊音乐才能的孩子、中等水平的孩子,还是才能较差的孩子,都应成为教师充分关注和研究的对象。另一方面,在教学过程中,奥尔夫主张发挥儿童的主观能动性,要求学生在教师的引导下自己去做,无论结果是否符合教师的预期。这样的指导思想使得奥尔夫教学法充满生机和活力。

(四)即兴性

即兴性是奥尔夫音乐教育体系的核心内容,也是最吸引人的部分。他认为,即兴创作是人类与生俱来的能力,是发自内心的本能反应;所有的音乐教学应当从"游戏"入手,通过即兴动作达到教学目标。在音乐教学中,奥尔夫要求教师抛开传统式的"传授式""讲授式"的教学,杜绝强制性,让学生在游戏中结合动作、语言、演奏来体验和学习,每个人都要动手、动脑、动脚,去演唱、奏乐、跳动等,通过在游戏中的探索来掌握知识和技能,把创作力的培养作为其音乐教育的目标。奥尔夫音乐教育的每个课例中都渗入了这一思想,小到即兴动作的表演,大到音乐作品的写作、音乐剧本的编创,无不体现着对学生创作本能的保护和激发。例如,在奥尔夫的课堂里,每个孩子都不是静坐着的,儿童的思维和肢体在运转着。教师会经常问:"想一想,还有没有跟别人不一样的办法?""你可以拍手来表现节奏,可以跺脚,还可以拍肩膀,甚至可以拍小肚子、拍屁股。"儿童即兴创作的根本目的就是让孩子们全身心地去感受音乐、表现音乐、表现自己、愉悦自己。

(五)多元性

奥尔夫教学法不是一种固定的、封闭的、一成不变的教学理念,是一种开放性的、充满活力的教育理念。这种理念之所以被人们广泛认同,重要的原因就是其强调从本土文化出发,尊重各种文化形态。

奥尔夫提出的原本性音乐教育思想主张从儿童出发,从儿童所熟悉的语言、文化、环境出发,来进行音乐教育。也就是说,在教学中要使用符合本民族、本地区民族传统和民族习惯的音乐素材,以利于本民族文化的传承和发展以及人文知识的传播。另外,奥尔夫认为,音乐没有国界,任何国家、民族的音乐作品都可以用来开展奥尔夫音乐教育。在注重本国、本民族文化传播的同时,还需借鉴外来文化,课堂上的歌谣、音乐、舞蹈和游戏可以来自不同的国家和地区,有着不同的文化内涵和故事背景,向学生传播一种丰富的、包容的、多元的音乐文化。

二、奥尔夫音乐教育的教学内容

奥尔夫音乐教育不仅是一种和动作、舞蹈、语言紧密结合在一起的教育,同时还是包括歌唱、表演、即兴创作等内容的综合教学。在教学中,采用集体教学,遵循探索—模仿—迁移—即兴创作的原则,强调的是"过程",引导、启发学生积极参与、体验、探索和创作。该体系的教育内容主要包括嗓音造型、动作造型、器乐造型三大方面。

(一)嗓音造型

嗓音造型可分为节奏朗诵活动和歌唱活动。其中节奏朗诵的素材丰富多样,可用字、词、句做节奏朗诵的活动,还可用歌谣、民谣、小品、歌曲等做节奏朗诵活动,甚至还可用一些无意义的音节做节奏朗诵的练习。

(二)动作造型

动作造型包括身体律动、舞蹈、戏剧表演、指挥以及极具特色的声势活动。其中,声势活动是一种运用简单而原始的身体动作,使之发出各种有节奏的声音,节奏训练是极简单又有趣的活动。最为原始的、古典的声势动作就是捻指、拍手、拍腿和跺脚。

(三)器乐造型

器乐造型指乐器演奏活动。这里所指的器乐是广义的乐器,不仅包含专门的奥尔夫打击乐器,也包含其他乐器,甚至还包含自制乐器等。

这三类活动既可独立开展,也可相互结合。奥尔夫认为,这种集诗、舞、乐、戏剧为一体的综合性音乐活动不仅符合人类生活的原始性、原本性,同时也符合儿童身心特点和他们学习音乐的自然天性。

三、奥尔夫音乐教育的基本方法

(一)节奏训练

节奏是音乐的生命,是音乐的动力与源泉,培养节奏感是奥尔夫音乐教学的中心环节。以节奏作为连接各种艺术表演形式的纽带,将音乐、舞蹈、话剧、美术等联系起来,结合语言、动作(声势)、舞蹈、器乐进行音乐教学,形成一种综合的艺术教学手段,相互联系,层层递进。

节奏教学的目的不只是促进音乐能力的发展,如培养敏锐的音乐感知能力、增强音乐记忆力、提高视唱(奏)读谱能力、发展更加精致与丰富的感觉力和表现能力、发展音乐表演技能,更是对人的素养培养起到提升作用。同时,节奏教学能促进儿童身心平衡发展,培养敏锐的反应能力,培养自控把握能力以及创造能力。节奏训练的主要形式如下。

1. 以朗诵活动入手的节奏训练

每个人都会语言,用朗诵活动来进行节奏训练是一种非常有效的手段,将语言引入音乐教育是奥尔夫在音乐教学中的一项伟大贡献。奥尔夫认为,人类的语言本身已含有生动、丰富而微妙的节奏,富有节奏性的语言朗诵对于培养儿童的音乐感很有帮助,多种形式的朗诵训练能使儿童在自然的状态下获得原始性节奏的体验,既容易又富有生命力。朗诵的素材从语言中最短小的字、词开始,慢慢发展到简单的谚语、成语及小短句,再逐步发展到中等篇幅的小诗歌、民谣、歌曲,最后到稍有难度的作品——含有语气、语调、声响变化的小品、故事等,这也体现了奥尔夫音乐教育内容的循序渐进的原则。

以下介绍几种适用于学前儿童音乐教育的节奏训练方式。

(1)从字、词、句开始的节奏朗诵训练

奥尔夫音乐教育体系中有"节奏基石"这个词,它是指由语言中最小的、具有一定意义的字、词拼成的最小单元,从这个最小单元开始着手进行的音乐教育教学,也就是从"节奏基石"开始的音乐教育教学。

适合儿童的语言节奏训练中的"字"是指含有字音的各种文字,如汉字、字母和数字等,"词和句"常见的有姓名、土特产、交通工具、成语、谚语等做成的节奏短句。

(2)利用儿歌、童谣、歌曲做节奏朗诵训练

儿歌、民谣的歌词幽默诙谐,读起来朗朗上口,表演起来富于童趣,是适合儿童学习和训练的素材。教师在实际教学中常把所学歌词以说白的形式教给学生,并配以音韵、节奏、速度、力度和情绪等。

2.以声势动作入手的节奏训练

声势训练集动作、节奏、演奏于一体,是奥尔夫音乐教学法中的一项基础工程。人体的许多部分,乃至整个身体的自由活动,都可以做出各种不同的姿势,发出多种不同的声音。人们在日常生活中广泛运用着各种姿势,如招手、摇手、搓手、握手、拍手等,这些都能表现一定的意义,传达某种情感,表示某种态度。姿势是一种无声的语言,这里所说的"声势"是指一种运动状态。"声势"可以理解为身体(整体或局部)运动的方式,即以人体为天然乐器,通过拍、打、跺、捻、捶、搓等发出不同力度的声响的动作而具有的姿势。声势通常是和节奏连在一起的,它通过拍手、拍腿、跺脚、捻指等学生易学易做的方法做一些节奏训练。

(1)拍手

动作要领:拍手时,两肩与两臂放松,双手在胸前拍手。

经典方法:

平掌拍:双手自然打开,一手平放,另一手由上往下拍打,音色清脆。

空掌拍:张开拇指,其余四指并拢,微微弓起掌背,两手对拍,音色浑厚。

特点:声音明亮、清脆,在声势合奏中,易拍鲜明的、节奏性较强、较复杂的节奏声部。

(2)跺脚

动作要领:通常是整个脚掌跺地,左右脚均可;特殊做法是脚跟着地前脚掌拍地,或是反

过来前脚掌着地脚跟拍地。

姿势:站姿是从腿根部起动作,左右脚轮流做类似原地踏步的动作;坐姿是坐凳子,大腿一半在凳子外悬空,同时提起脚掌跺地。

特点:声音比较低沉,在合奏中适宜担任节拍重音的声部,跺脚的节奏不宜过密和复杂。

(3)拍腿

动作要领:双手自然放置于大腿靠近膝部,双臂放松,双手拍打(可以是同时拍、轮流拍、交替拍)或单手拍。

特点:拍腿声音不够鲜明,合奏中不可单独在重拍使用,否则会使节奏重音不突出。

(4)捻指

动作要领:中指、拇指相捻发出声响。

动作变化:因有难度,可用音响相近的"弹舌发声"代替。对儿童来说,也可以从拍打两腮、胸脯、肚皮到拍打髋骨两侧所发出的不同音色代替。

特点:音量最小,但声音较高,一般不适宜用在重拍及复杂而快速的节奏中。

声势是人类宣泄、表现、交流情感最原始、最直接的方式,产生于语言、音乐之前,且至今仍被人们运用着。如活动开始和结束时,人们会有节奏地拍手以此表示欢迎和感谢之情。声势具有明显的教学优势:无须运用抽象概念、复杂的逻辑思维、高难度的技能技巧,无须借助任何教具、乐器,每个人都能自然地学会,没有任何负担,可以轻松、自如地运用。同时,声势是训练节奏感以及提高听辨、反应、记忆、创造等能力的一种很好的方法,也是音乐基础训练的重要方法之一。

声势的记谱方法:通常情况下,右手、右脚——符干朝上,左手、左脚——符干朝下。拍手只记在一行谱上,符干都是朝上;跺脚、捻指也只记在一行谱上,符干朝上、朝下分别表示右手右脚和左手左脚;而拍腿是记在双行谱上,分别表示左腿和右腿,符干朝上、朝下分别表示右手和左手。

声势活动准备练习时,也有相应的指挥动作帮助儿童掌握。如手掌向上表示开始,向下或双手背到后面表示停止。

儿童在声势活动中受益匪浅。对于儿童来说,利用自身所熟悉的肢体,在已有经验的基础上加入有规律的节奏,可促进儿童动作的协调发展;在进行有节奏的身体动作时,通过学习各种动作,使大脑神经控制动作的能力和保持平衡的能力有所发展。声势活动将复杂、抽象的知识转化为简单、有趣的身体语言,让儿童在轻松愉快、充满乐趣的环境中学习。

声势动作训练的具体方式及其注意要点如下:

①节奏回声。节奏回声也叫节奏模仿,指教师或学生拍一节奏型,其他学生模仿。节拍通常是从四拍子开始逐步过渡到三拍子;节奏一般是四分音符开始逐渐到八分音符、十六分音符,为避免单调,逐步加入四分或八分休止符等;长度一般从一小节(以 4/4 拍为准)到两小节。

②节奏造句。节奏造句分为两种。第一种：教师出示若干组声势节奏型（每组均为三拍或四拍），教师（或某一学生）指哪一个，学生就做哪一个，不断更换，训练反应能力。然后教师（或某一学生）即兴加入一首三拍子或四拍子的曲子，随音乐变化更换各种节奏型，训练其节奏感及敏捷的反应能力。

第二种：教师出示若干组声势节奏型（每组均为三拍或四拍），由学生（个别、小组、集体）从中选择 2～4 个组、编排成一首新的"曲子"并一起练习。熟练以后，也可以即兴加入一首三拍子或四拍子的歌曲，进行表演、演唱。然后再由老师组织互相展示、观察、评价各自的作品。

③节奏接龙。利用声势进行节奏接龙教学也是一项非常有趣又有益的活动。但这种活动对师生的节奏感、灵敏性要求较高，对于初接触者（尤其是新教师及年龄小的学生）挑战性较高，难度较大。要使"节奏接龙"活动顺利开展，必须在师生积累了丰富的"节奏乐汇"，具备了丰富的节奏活动经验的基础上，方能有效进行。

常见的接龙有以下三种：

第一种：完整接龙——教师先拍四拍，学生接着模仿头四拍。教师连续拍下去，学生边模仿教师的前四拍边听记后面的节奏。这种形式适合于一对一、一对小组、一对全体进行。

第二种：接尾接龙——教师拍四拍，一学生重复后两拍，再即兴拍两拍，教师继续拍下去，再换一个学生接拍。

第三种：接头接龙——教师拍四拍，一学生接着模仿头两拍，再即兴拍后两拍，教师一直四拍一组拍下去，不断更换学生。

④固定音型。固定音型指一个音乐动机或小乐句（4～8 节）不断重复贯穿于一段音乐、甚至全曲。固定音型的应用是奥尔夫音乐作品及音乐教学中最具特色的一个手法。

3.以律动舞蹈入手的节奏训练

律动学习主要来自于达尔克罗兹教学体系。律动表现音乐元素，即用身体的动作表现音乐的风格、曲式、调性、旋律、节奏等元素。我们把律动活动的初级阶段称之为"动作经验积累"阶段，其主要包括大肌肉活动练习和小肌肉活动练习，以及探索身体各种运动的可能性。在活动中通过尝试同一个要求的动作可以用不同的肢体姿态去完成的做法，帮助学生发掘自身肌体的运动能力，促进肌体动作的协调发展，从而积累丰富的动作经验。如奥尔夫音乐游戏《握手舞》。通过动作创编进行的即兴律动活动，让孩子们学习怎样与同伴合作，同时培养对于群体的适应性。

奥尔夫教学法所设计的舞蹈对于没有学过舞蹈的人来说也能学会。它所要求的是按音乐的节奏跳、按音乐的形象去想象，最重要的是即兴，学生们可以自由设计、自由编排自己理想的动作。适合的音乐有《圆圈舞》《欢迎舞》《螃蟹舞》等。

4.以乐器打击入手的节奏训练

奥尔夫乐器的产生来源于一个教育真理，那就是"人们只有在音乐实践中才能学到音乐"。乐器教学是奥尔夫为世界音乐教育做的又一个巨大贡献。奥尔夫所创造的不是高度发展了的艺术性乐器,而是一种以节奏性为主、容易学会的原始乐器。艺术性乐器不仅价格昂贵,演奏起来还需要很高的技术要求;而价格低廉的乐器,又受到音色、音域的限制,不适合孩子们的器乐学习。而奥尔夫乐器的出现,解决了这些难题,使更多的儿童投入到乐器演奏中去,亲自体验、亲自创作,在演奏、合奏过程中无形地培养了儿童的集体荣誉感、自我把握、人际协调等诸多能力,在人格培养方面也起到很大的作用。

奥尔夫乐器主要分为两大类:第一类是无固定音高系列的敲击乐器,也就是我们通常所说的打击乐器,如沙球、三角铁、双响筒、手鼓;第二类是有音高的音条乐器,如钟琴、金属琴、木琴、定音鼓等。

根据材质和发声特点,无固定音高的乐器可以分为以下四大类。

皮革类:如各种鼓类乐器,一般有共鸣声、声音低沉、音量较大。

木质类:如单双响筒、响板、木鱼等,声音清脆,无绵延音。

金属类:如三角铁、碰铃、锣等,声音高亢、明亮,有绵延音。

散响类:如沙锤、串铃等,音量小、音散,可持续奏长音。

这四种打击乐器构成了奥尔夫打击乐器合奏的基本编制。

(二)集体教学

集体教学是奥尔夫教学中的主要组织形式。奥尔夫认为,集体教学的形式有助于提高儿童参与的热情,为他们提供交流、分享、合作、竞争的机会,有助于培养儿童的集体观念和提升教学效果。奥尔夫乐队的训练、多声部结构的声势活动、戏剧表演、指挥等都离不开儿童之间的相互配合协调。

(三)引导创作法

奥尔夫体系注重对儿童即兴创作能力的培养,遵循探索—模仿—迁移—即兴创作的原则,并通常以引导创作的方式展开教学训练。即兴创作的初始阶段是模仿,如根据教师给出的乐句即兴做出节奏、旋律相仿的答句,或者仅仅根据给出的节奏进行多样的"回声式"的模仿。在难度渐增的阶段,学生则被要求为歌词配上即兴曲调或者根据固定曲调做卡农练习、回旋曲训练、小组曲训练以及进行说、唱、舞、奏等形式的综合练习。

第四节　铃木音乐教育体系

一、铃木教育体系的基本理念

铃木认为,教育包含两个意思,一是"诱发",就是引导潜藏的状态,并使其显示出来、发展起来;二是教学,即按照儿童生理和心理特点有效地传授知识技能。铃木指出,教学是促进才能发展的途径,教学的目的就是要探索和发展人的潜力,也就是进行才能教育。铃木的才能教育思想主要包含以下观点。

(一)早期的培养

音乐好比一种语言,要掌握一种语言,最好是从小开始学,开始得越早越能把语言掌握得像母语一样。铃木主张,教育是出生即适龄。在他的《才能教育自零岁起》一书中,他极力主张学习愈早愈好,因为幼儿阶段影响一生。他认为学习应该自出生那天起,而不是自上学第一天起,及早学习可提供丰富的经验,内在的音乐熏陶可为日后的音乐教育奠定坚实的基础。只要儿童稍有掌握某种乐器的能力,就可以让他学,但在开始学之前,应当先聆听经典的音乐,参观别人的演奏,以此引发学习动机。

(二)更好的环境

"人类是环境之子",环境对于儿童的成长有着至关重要的作用。铃木反对"才能是天生的",他认为,如果说有遗传的话,那也许是说人在适应环境的灵活性或适应快慢上有优劣之分。他确信,环境要置于遗传之前,环境比遗传更影响人的能力的发展。因此,才能不是天生就有的,任何儿童都可以培养成为有高度才能的人。每个儿童都有音乐潜能,只要有适当成长条件,每个儿童都能学音乐。除此以外,父母应当尽可能给儿童提供一个视觉、触觉和听觉良好的生活环境。家庭环境是否理想决定了儿童的音乐才能是否得以发挥。如果父母及家庭成功地创造出学习音乐的环境,如同他们最初创造语言环境一样,儿童对音乐和乐器的兴趣也就能自然而然地形成。

(三)教育的目的

"培养孩子成为优秀的人"是铃木教育思想的出发点和归宿。音乐教育不是以培养音乐家为主,而是培养所有的儿童都能具有良好的心灵和感觉。这是铃木始终强调的才能教育的根本目的。他认为,教育的主要目的是培养出良好的公民,如果让一个儿童自降生之日起就听美好的音乐并自己学习演奏,那么就可以使他养成敏感、遵守纪律和忍耐性格,使他获得一颗美好的心。

(四)尽量多的训练

1958年,铃木提出"母语学习"的概念,认为人类掌握语言这一天赋能力,是一种典型的学习模式,重复再重复正是其核心。研究发现,幼儿对多次重复的事物不会感到厌烦,他们在接受外界同一对象的反复刺激的时候,会把它固定在大脑中,形成一种能力。因此,在教学过程中,无论是聆听音乐的环节还是技巧训练的环节,"反复"成为铃木教学法的重要特点之一。从简单的旋律开始,之后的学习中不间断地回到最初的乐曲上。通过数百数千数万次的反复,使儿童获得更熟练、更出色、更完美的技巧。除此,应把学习当成一种娱乐,在轻松快乐的气氛中完成,学习和练习方式不可一成不变,应力求多样性。由此,这样的教学方法不仅可以培养儿童卓越的演奏才能,而且可以训练出儿童良好的心理素质。

(五)正确的指导方法

"喜欢"和"会做"是培养孩子才能的前提,教育要掌握适当的时机和科学的方法,自然地引导儿童学习。努力将教育内容融于游戏中,配合上教师和家长的耐心教导,儿童便在不知不觉中进入了音乐的环境,跟着旋律歌唱、节奏律动,儿童自然生发出学习的愿望,这种愿望在随后的学习中能帮助儿童克服困难、增强信心。铃木非常注重激发儿童的学习动机。每当有了新学员,他总是先指导孩子的父母学会拉一支简单的曲子,以便为儿童营造良好的家庭学习氛围。开始时,新学员在教室里不被安排学习,而是在一边玩,看着别的孩子练琴,这种情景能促使儿童产生想得到小提琴的愿望。接下来儿童被发给一把不出声的琴,用其练习拉琴的姿势、指法等。三四个月后,儿童拉琴的愿望越来越强烈。这时,铃木才满足他们的愿望。有了这样循序渐进的准备阶段,儿童在投入学习后便能够很快地进入角色。

三、铃木教学法的教学要求与原则

(一)注重培养儿童聆听习惯和技能

聆听音乐是音乐学习活动中最重要的环节之一。铃木认为,敏锐的听力和直觉反应能力是以大量的倾听经验的获得为基础的。铃木认为,在儿童学习音乐的过程中,首先要学习完整地欣赏优秀的音乐,感受音色的优美;其次要听出音乐中细微的变化并做出相应的直觉反应,这就是倾听技能。铃木强调让儿童先听音乐,每学一乐曲之前,不论多简单的旋律,都必须先重复听其录音。通过反复倾听,在充分熟悉音乐作品的完整音响形象之后再进行模仿练习和表达,以提高儿童认知音乐要素、技能学习及创造才能的水平。

(二)实施按部就班、循序渐进的学习

铃木教学法对教学进度的推进有着严格的要求,每次教学目标的制订都只向前进行一步,待儿童完全掌握后再进行下一步,宁可减缓教学推进速度,也要保证儿童基础稳牢、防止不良习惯的产生。在学习新乐曲时,经常要求儿童复习旧有的乐曲,获得有效的音乐积累,这种新旧交替、温故知新的学习方式与婴幼儿学习母语的模式同出一辙。

(三)践行坚持不懈、专心认真的练习

坚持不懈的大量、反复练习是铃木教学法的重要特征。技精于熟,越是熟练越是能开发出艺术上的造诣。铃木认为,当儿童掌握了一个或几个曲子以后,要不断地重复、巩固,这样不但能使儿童的音乐表现力更趋丰富,而且也能促使儿童形成对音乐的快速直觉反应能力,有利于儿童持之以恒的品质的培养。

除此以外,专心练习也是必不可少的。在专心的练习下,最开始即使每次只拉10分钟,每天拉两三次都会有好的效果。但如果练习不够认真,即使每天达到1个小时的训练要求,也会因有效练琴时间不够而达不到较好的练习效果。

(四)提倡背谱演奏早于视谱训练

在教小孩子的时候,铃木教学法提倡不教他们看乐谱或任何音乐理论知识,因为那等同于在一个正常的孩子还不会说话之前,便教他语法表达和写字,这样做是违反人的自然认知规律的。因此在教学初始阶段,采用背谱演奏的方式,以训练儿童全神贯注于音响的聆听、

乐感的培养和动作的模仿。当儿童在音乐感觉、演奏技巧和音乐记忆上都已得到充分训练后,再对其进行视谱训练。铃木强调,认谱是儿童学习的一种联想过程,过程中儿童必须对照他弹出的音和谱上的音符一致,开始认谱后,儿童仍需背谱演奏。

(五)激发儿童的学习热情

铃木教学法重视对儿童学习兴趣的培养和学习热情的激励。首先是趣味性教学手段的引入。为了引发儿童对音乐学习的热情,铃木设计了很多充满游戏性的技能练习,如边行走边拉琴、配合韵律活动拉琴、站在椅子上表演、在户外练习等。这些游戏远比在室内呆板单一的学习形式受欢迎。因而在教学中,要求教师重视上课气氛、学习过程和学习方法的趣味化。

铃木教学法采用个别上课和团体上课方式交互并用的方式,每周一次或每月两次安排不同程度的孩子们一起上课。在集体学习的环境中,能够有效地减轻儿童的心理负担,通过相互比较和竞争,儿童能够获得学习榜样,分享合作乐趣,学会协调群我关系。当儿童在个别课上初步掌握了基本演奏方法和一些简单的乐曲时,在集体课上练习合奏有助于技能的提高和在团体中表现自我。

除此,铃木还定期举行音乐会,使每个孩子都有独奏和合奏的机会,使每个孩子都有自由表现音乐的机会,以激发儿童学习的热情。

(六)鼓励家长的合作参与

儿童的父母在铃木教学活动中担任着特殊的引导作用。鼓励儿童的父母参与学习,协助儿童学习,运用母语学习的自然方法,欣赏音乐,反复听唱熟悉旋律后,才进入乐器练习。个别课时家长要陪同上课,记录笔记,并帮助儿童了解刚开始学习的各种难处,如姿势、手型等。家长在家就是辅导老师,要陪同练琴,规定家长每天为孩子播放指定乐曲的录音。儿童具有善于模仿的天性,当父母以认真学习的态度为儿童树立起榜样时,能够收到事半功倍的效果。

三、铃木教学法的教学过程与步骤

铃木教学法是一种强化教育法,其教学过程主要分为以下六个步骤。

(一)接触

让美好的音乐进入心中,首先要创设良好的环境,从听觉训练入手。铃木认为,"音乐的耳朵"不是天赋或固有的,可以通过多加训练而获得。因此,可以每天在儿童轻松自然的状态下放一些优美的乐曲,逐步发展儿童的音乐感受力与记忆力,让儿童反复聆听、接触经典的演奏作品,以此逐渐提高儿童的鉴赏和演奏水平。

(二)模仿

最优秀的教师、最好的教材、最优质的音响都是十分有必要的。铃木十分重视教师的素质,他认为教师的认识水平和能力对学生的才能培养具有关键作用,主张教师要对儿童有爱心、耐心,具备渊博的学识、精湛的技能、敏锐的感觉以及严格的态度。铃木还十分重视儿童练习教材的选择,让儿童听世界大师演奏的名曲,以培养他们的感觉水平、思维水平及想象能力。除此之外,不论是教师的示范,还是优质的音响作品,都是儿童模仿学习表演的基础。

（三）鼓励

正面的鼓励、适时的赞扬是不可或缺的兴趣催化剂。当儿童面临困难时,来自家长和教师的鼓励能帮助他们树立信心。铃木认为,每个孩子身上都存在着不可估量的潜能,应遵循其自然发展的进度,根据孩子的个性特点,寻求孩子的优点,并给予肯定、赞美和夸奖,要学会用一些话语鼓励孩子,如"真好"。另外,在孩子有能力拉好一首小曲子时,提供机会让其当众表演,鼓励孩子的努力和进步。

（四）重复

通过强化式的训练,鼓励儿童在重复的练习中,发现新的乐趣与挑战,以达到艺术上、技术上的精益求精。

（五）增加

选材应从简单易学的曲子开始逐步增加难度。在学习新曲目的同时,要不间断地回到练习的出发点,因为重复旧曲练习,不仅使儿童的演奏更趋熟练、完美,提高其音乐表现力,还能培养儿童学习的耐力和韧性。

（六）完善

良好的习惯养成来自于强化训练。铃木指出,"经过五千次养成的坏习惯,要用六千次矫正。"因此,要停止那种每错一次、矫正一次的方法,应该是以重新开始的训练方法,让儿童形成新的行为方式,养成新的行为习惯。

第四章　学前音乐教育的实践经验与培养

第一节　节奏与旋律

一、节奏

节奏经验的获得一般通过节拍与节奏型两项内容,在学前教育中,对于节拍的经验就是合拍,节奏型方面需要幼儿掌握音符单一的节奏型、先密后疏的节奏型、紧凑与舒展的节奏型和休止符等内容。

（一）拍子

幼儿的拍感一般包括合拍和二拍、三拍的强弱韵律感。合拍是幼儿与音乐交互的第一块基石,并贯穿所有音乐活动的始终。二拍、三拍的强弱韵律感是指对拍子的强弱规律的意识程度,一切音乐都可以归入二拍、三拍的基础性韵律中。比如说,四拍可以理解为两个二拍的韵律,12/8 拍子可以理解为一个四拍的韵律,5/4 拍子可以理解为一个三拍与一个二拍的韵律,6/8 拍子可以理解为两个三拍的韵律。

二拍与三拍的歌曲分别具有不同的身体摇摆要求,如何根据歌曲的不同拍子创造出不同的身体摇摆,是需要教师时刻关注的问题。

（二）节奏型

音乐思维是从句型开始的,要么是旋律型要么是节奏型。让儿童计算二分音符、四分音符、八分音符,再进行这些音符的时值比较,这样的数学教学与音乐没有多大关系,与幼儿音乐学习更是没有任何关系。所以,我们所说的节奏总是以节奏的模型出现。在幼儿园音乐教学范畴内,我们让幼儿关注的是音符单一的节奏型、先密后疏的节奏型、紧凑与舒展的节奏型和休止符等。

第一,音符单一的节奏型。这种节奏型一般情况下只由 1～2 种音符组成,如主要由二分音符组成的节奏型、四分音符组成的节奏型、八分音符组成的节奏型,这类节奏型是幼儿最容易理解的。感知这类节奏型往往从慢速的行走、中速的行走、快速的跑步开始,当然随着对这类节奏型合拍的自如,可以边走边做一些手的动作。幼儿园采用的一些传统的基本舞步在让幼儿知觉与制作这类节奏型方面能起到很大的作用。在进行与舞蹈或幼儿动作表演相关的教学的过程中,教师对舞曲所具有的节奏型特征的掌握,是进行舞蹈动作编排的前提。尽可能让舞蹈步子与节奏型特点相吻合是我们追求的目标。

第二,先密后疏的节奏型。从作曲角度来说,节奏的先密后疏是创作赞美性的、表达深情之爱的歌曲的常规手法。这类歌曲中最典型的是《天堂》,作者运用这种作曲手法把对家乡的热爱表达得淋漓尽致,使歌曲具有很强的感染力。同理,《青藏高原》《天路》《春天的故事》《走进新时代》《为了谁》等无数颂扬性质的歌曲都运用了这种手法。

第三,紧凑与舒展的节奏型。首先让幼儿接触先密后疏的节奏型,这样做的原因是它很容易用动作表现,然后在此基础上幼儿可以继续理解节奏紧凑与节奏舒展这两种节奏型特征,理解了这两种节奏型之后就比较容易理解抒情类与活泼类的曲子了。

第四,休止符。休止符不是音乐的停顿,而是节奏流动中的一个因素,这个因素能增加音乐的美感与意义。对于休止符,首先要感知它们,而感知它们也要从肌肉感着手进行。

(三)节拍经验

1. 节奏经验年龄目标

节奏经验年龄目标见表4-1。

表4-1 节奏经验年龄目标

年龄阶段	3～4岁	4～6岁
稳定的节拍	1. 用不移动动作合拍 2. 按二拍韵律进行身体摇摆 3. 用移动动作合拍	1. 用不移动与移动动作合强拍 2. 用不移动与移动动作合弱拍 3. 按二拍、三拍韵律对6/8、3/4进行身体摇摆 4. 合速度与拍子交替的音乐
疏密节奏型	1. 语言节奏的朗诵与身体打击 2. 音乐节奏的身体打击 3. 节奏与节拍的分离	1. 休止符 2. 与拍子重音重叠节奏型 3. 与拍子重音交叉节奏型 4. 先紧后松节奏型 5. 紧凑与舒展节奏型

2. 节奏经验的激活途径

(1)用不移动动作合拍

①常规游戏"请你照我这样做"。这是小班幼儿刚进幼儿园时教师就喜欢采用的常规游戏,要求教师每做一个动作都严格合拍,动作做得轻巧、有韵律感;教师语言与动作的速度需要符合小班幼儿的要求,教师去配合幼儿需要的速度。

②童谣《小手小手拍拍》。

小手小手拍拍

小手小手拍拍,我的小手伸出来,

小手小手拍拍,我的小手举起来,

小手小手拍拍,我的小手藏起来,

小手小手拍拍,我的小手摸摸脚。

小脚小脚踏踏,我的小脚踢起来,

小脚小脚踏踏,我的小脚踮起来,

小脚小脚踏踏,我的小脚跳起来,

小脚小脚踏踏,我的小脚踏起来。

边念童谣边翻翻手、动动脚,教师应该配合幼儿的本能速度,其中,"拍拍""踏踏""伸""举""藏""摸""踢""踮""跳""踏"等动词表示教师做动作的时候,动作要轻巧、严格合拍。

③模仿的动作。通过教师示范、幼儿模仿的方式感知拍子,所以,教师在重拍做动作,并且动作要轻巧、严格合拍。

(2)移动的动作合拍

合拍地做移动的动作与合拍地做不移动的动作相比,难度增大了许多,教师对合拍的要求不能降低,但可以降低动作的要求。教师应确定如何做动作、确定动作如何去合拍子。

(3)二拍韵律的身体摇摆

二拍子的乐曲有很多,教师选用该类乐曲旨在让幼儿体验二拍子的韵律。

例如《赛船》,每一拍挥一次手,左右手各挥一次,二拍正好身体左右摇摆一轮,即每二拍身体摇摆一次。由于《赛船》这首歌曲的歌词不太容易记忆,所以需要画四张图片(图片不必太大,每句一张图片)帮助记忆歌词。可以让幼儿拿着树叶(也可以用其他物品代替)进行身体摇摆,用打击乐演奏的方式把身体摇摆的拍感表达出来。

(4)三拍韵律的身体摇摆

三拍子的选用旨在让幼儿体验三拍子的身体韵律感,通过交替步动作进行表达。

动作要求:

①两个幼儿面对面站立。

②每句的第 1 小节:做左右左交替步,身体与双手随着左脚侧身左边近 $90°$。

③每句的第 2 小节:做右左右交替步,身体与双手随着右脚侧身右边近 $90°$。

④每句的第 3 小节:两个幼儿双手高举并拉在一起,身体朝左边摇。

⑤每句的第 4 小节:两个幼儿双手高举并拉在一起,身体朝右边摇。

教师动作要轻松自如、严格合拍,等到幼儿熟悉这种摇摆以后,可以变换手或脚的动作,但身体摇摆的感觉不能变。

(5)用不移动动作合弱起拍

这类弱起拍的歌曲对小班幼儿来说是有难度的,其主要特点是每句的歌唱与做动作具有时间差,先唱然后在重拍上做出动作,但是这类歌曲的歌唱与做动作是幼儿体验弱起拍的开始。

(四)节奏型经验

1.语言节奏的朗诵

语言节奏在奥尔夫音乐中有其特殊的地位,那么,在日常的幼儿音乐教学中,教师一样可以采用这样的材料来开展节奏型经验传授。例如下面这首童谣。

小老鼠上灯台

小老鼠,上灯台,

偷油吃,下不来,

喵喵喵,猫来了,

叽里咕噜滚下来。

游戏方法:两个幼儿面对面坐,第一个幼儿一只手握拳,大拇指竖立,第二个幼儿用一只手握住第一个幼儿竖立的大拇指;第一个幼儿用另一只手去握第二个幼儿的大拇指。以此类推,彼此不断地握对方的大拇指,边握大拇指边念童谣。

2.节奏节拍的分离

节奏与节拍的分离对于幼儿来讲有一定的难度,如果单纯地讲述什么是节奏节拍,可能效果不是很好,但是通过一些有意思的童谣或者游戏,既可以提高幼儿的积极性,又能达到教学目标。例如《雨落在草地上》这首童谣的教学。

雨落在草地上

雨落在草地上,

雨落在树上,

雨落在房顶上,

就不落在我身上。

活动提示:

①出示画着草、树、房顶、人的节拍图,请幼儿边看图边跟着教师朗诵这首童谣。

②请幼儿边跟着教师按照节拍拍手边朗诵(小班:这一材料的第一次活动内容到此结束)。

③请幼儿跟着教师边走路边朗诵童谣。

④请幼儿自由地拿打击乐器,把刚才拍手的声音与走路的声音打出来。再请幼儿边朗诵边演奏拍手与走路的声音(中班:这一材料的第一次活动内容到此结束)。

⑤巩固以上环节的内容后,问幼儿:"谁能够把这首童谣的每个字都用手拍出来?"(留足时间让幼儿尝试)

⑥请幼儿跟着做得好的幼儿或教师拍节奏,然后边拍节奏边朗诵。注意:不向幼儿交代节拍与节奏的名称,只是让幼儿把念的字拍出来(节奏),把走路的声音拍出来(节拍)。

⑦请幼儿用打击乐器演奏节奏。

3.休止符

(1)感知休止符(中、大班)

休止符节奏型经验的获得,可以通过选用有休止符的歌曲来展开。

活动过程建议(此活动在幼儿会唱歌曲、会做动作以后进行):

①集体围成圈边做动作边唱这首歌曲。

②请个别幼儿到圈内单独做动作,反复几次。

③对幼儿唱歌的状态提出要求。

④不做动作,围成圈边走路边唱这首歌曲。

⑤边走边唱边拍节奏。

⑥教师提问:是否只有踏脚、不唱又不拍节奏的时候?

⑦不唱又不拍节奏,只有踏脚的这个时候,手叉腰。

⑧教师提问:叉腰时,脚踏了几次?这首歌曲一共叉腰几次?

⑨请幼儿边走路边拍手,注意在不唱又不拍节奏的地方叉腰。

(2)运动与休止符交替

此活动需要遵循以下几点:第一,教师找到重复乐段中有固定休止符的乐曲;第二,请幼儿根据音乐行走,但在有休止符处停止;第三,请幼儿发现每段都是在什么时候休止。

4.弱拍起节奏型

音乐材料可以选用《假如感到幸福》

动作流程:

①请幼儿结合已经做过的走圈动作的感觉给这首歌曲配上打击乐伴奏,注意前两句停一拍再演奏。

②请幼儿把这首歌的字用手拍出来,注意拍手的动作要轻巧。

③把上面拍手的节奏用打击乐器演奏出来。

④分组演奏:一组用乐器按照这首歌的字打出节奏;另一组演奏走圈时走路的声音。

⑤合奏。

二、旋律

乐思的最小单位是乐句,旋律句的性格是幼儿着重需要理解的。这里所说的旋律句的性格就是旋律的轮廓形态或轮廓线,包括旋律的上行与下行、旋律的级进与跳进。但是,对旋律线的理解是以理解音的高低为基础的。对绝大多数3岁左右的幼儿来说,他们不理解音的高低。有学者曾经指出,幼儿对音的高低理解的困难是由于受音的强弱的干扰。从对幼儿旋律学习的观察来看,确实存在音高时幼儿不由自主地唱强、音低时幼儿不由自主地唱弱的倾向。事实上,一旦理解了音有高低之分以后,人们在歌唱的音准上就比较容易把握了。在音准与节奏的掌握上,从本质上说节奏要比旋律难得多。比如说,只要你用心观察一下大众唱卡拉 OK 的活动情况,就会发现在唱卡拉 OK 的人群中,音准的人是比较多的,而真正能严格合拍、掌握弱起切分的人很少。所以,在各种与音高探究相关的音乐活动中让幼儿感受音的高低、分辨音的高低,就显得格外重要。在幼儿园教学范围内,旋律方面的内容主要有分辨音的高低、旋律的上行与下行、旋律的级进与跳进。

（一）旋律经验年龄目标

旋律经验的年龄目标见表4-2。

表4-2 旋律经验年龄目标

年龄阶段	3~4岁	4~6岁
声音的高、低	1.分辨八度跨度以上的声音的高、低 2.分辨八度跨度的声音的高、低	1.继续分辨八度跨度的声音的高、低 2.分辨八度内跨度较大的声音的高、低 3.分辨五度、三度、二度跨度较小的声音的高、低
旋律的上、下行		1.分辨级进上、下行旋律轮廓线 2.分辨上、下行旋律轮廓线
旋律的级、跳进		1.分辨级进旋律轮廓线 2.分辨跳进旋律轮廓线

（二）旋律高低经验

1.声音高低的感知

利用能让幼儿分辨并模仿的带有声音高低的生活音响材料（小、中班）——"声音蒙太奇"音响。

活动建议：

步骤一：听录音"声音蒙太奇"，每听到一种声音暂停。教师请幼儿做以下活动。

①分辨每一种是什么声音。

②分辨每种声音是高的还是低的。（高的声音：鸟叫、自行车铃声、猫叫；低的声音：垃圾车声、牛叫、狗叫；从高到低的声音：消防车鸣笛）

③把这些声音分类，如动物叫声、交通工具的声音、家里用具的声音。

步骤二：身体活动。

①再听一次音乐材料，要求幼儿当听到高的声音时站起来，当听到低的声音时蹲下去。

②把"声音蒙太奇"中的声音顺序打乱，每听到一种声音就停下来，请幼儿用嗓音或打击乐器模拟这种声音。

2.声音高低的歌唱

内容含有视觉高低形象的歌曲、儿歌（小、中、大班）都可以进行此项内容的训练，如歌曲《影子》。

活动建议：

①进行对"影子"的科学探究活动。把活动室的窗帘拉下，教师准备几个大电力的手电筒，并与幼儿一起探究影子的产生原理。当光线被物体挡住时会产生影子，请幼儿挡住手电筒的光线，然后在墙上留下影子。当光线的角度变换时，影子的大小也随之变化。分别请几位幼儿拿着手电筒观察如何通过变化手电筒的角度让影子变高、变矮。请不拿手电筒的幼

儿随着自己的影子的变高,身体也尽可能地向上伸展,随着自己影子的变矮,身体也尽可能地向下蜷缩。

②当幼儿玩得高兴的时候,教师放歌曲《影子》的录音或清唱,使歌词中影子的变高或变矮与实验中真实的影子的高矮相吻合。

③不用手电筒,请幼儿根据教师所唱歌曲的歌词内容来伸展与蜷缩身体(第一次活动到此结束)。

④请幼儿根据教师所唱的旋律来伸展与蜷缩身体。

⑤请幼儿根据高音 A 与低音 D 两个音来做身体的伸展与蜷缩动作。

⑥请幼儿根据钢琴上的两个音来做身体的伸展与蜷缩动作。

(三)旋律的上下行经验

能够意识到旋律上行与下行的运动状态,有益于理解音乐的情绪、情感表现,也容易形成旋律的听觉表象,从而促进音准概念的形成,幼儿学习该内容可以从游戏化的活动入手。

游戏过程中,教师需要用手把旋律的进行线路表达出来,使幼儿对旋律的上行、下行或其他方式有一种视觉与听觉上的对应,便于幼儿理解旋律进行的方向。

第二节　速度与力度

一、速度

速度是音乐表现的重要手法。关于速度也存在知觉与表达两个层面。从知觉的层面来说,由于速度经验与日常生活经验相关,所以幼儿知觉速度的快与慢、匀速与不匀速还是相对比较容易的。从表达的层面来说,一方面,速度的表达与节奏之间具有非常密切的关系,对幼儿来说,掌握节奏的细微之处是有困难的;另一方面,匀速是幼儿歌唱的难点,幼儿歌唱时句与句之间既容易拖拍又容易越唱越慢,所以,在对速度的知觉的同时也要注意对速度的表达。速度经验年龄目标见下表。

表 4-3　速度经验年龄目标表

	3~4 岁	4~6 岁
快与慢	1. 用不移动与移动的动作合中速音乐 2. 用不移动的动作合慢速音乐 3. 用不移动的动作合快速音乐	1. 用移动的动作合快速音乐 2. 在快速中完成二拍与三拍的摇摆 3. 用移动的动作合慢速音乐 4. 用移动的动作合快速、慢速交替的音乐 5. 在慢速中完成二拍与三拍的身体摇摆
渐快与渐慢		1. 用各种制作方式表达渐慢 2. 用各种制作方式表达渐快 3. 用各种制作方式表达渐快与渐慢的交替

二、力度

强与弱是音乐表现的重要手法。由于强弱感受在日常生活中经常能体会得到,是有一定积累的一种生活经验,所以幼儿比较容易理解。对力度的掌握,幼儿遇到的主要困难是歌唱时的强弱处理。由于歌唱的强弱是由头腔控制的,当幼儿在歌唱的过程中没有利用其天生的头腔共鸣时,歌唱时强就容易形成喊叫,弱就容易形成无声的倾向。因此,在理解了力度的同时,也要注意对嗓音的控制。力度经验的年龄目标见下表。

表 4—4　力度经验年龄目标表

年龄阶段		3~4 岁	4~6 岁
力度	轻与重	1.用身体动作表达轻与重 2.用打击乐器表达轻与重 3.分辨音乐中的轻与重 4.用说话嗓音表达轻与重	1.进一步用身体动作表达轻与重 2.进一步用打击乐器表达轻与重 3.用歌唱嗓音表达轻与重
	渐强与渐弱		1.用身体打击表达渐强与渐弱 2.用打击乐器表达渐强与渐弱 3.用嗓音表达渐强与渐弱

第三节　织体与结构

一、织体

织体在音乐以及与音乐相关的动作表演中无处不在,但是受年龄的制约,幼儿不经过引导不太会关注音乐中的这部分内容。在幼儿园教学的过程中,教师需要以欣赏民族舞、踢踏舞等为突破口,让幼儿感知音乐的层次。舞蹈的层次是幼儿比较容易理解的,如手上拿鼓、脚上戴铃的舞蹈,除了能看到舞者的舞蹈动作外,还能听到时常发出的鼓声与铃声,这种层次感很容易被幼儿捕捉到。以这种听觉与视觉结合的层次感为前提,教师才可能让幼儿进入对音乐的层次(即织体)的知觉、感受与制作中。在幼儿园教学范围内,织体的内容非常广泛,主要包括有伴奏音乐与无伴奏音乐的分辨、织体的厚与薄的分辨、用打击乐合作表达织体。织体经验年龄目标见下表。

表 4－5　织体经验年龄目标表

年龄阶段	3～4 岁	4～6 岁
织体	打击乐（包括身体打击与乐器打击）、舞蹈中的多层次	1.分辨身体打击乐合作中的层次 2.分辨踢踏舞、铃圈舞中的层次 3.独立完成身体打击的多层次
	音层厚与薄的比较	1.分辨钢琴伴奏与管弦乐伴奏的不同 2.分辨独奏与合奏 3.合作多层次的打击乐表演
	多声部歌唱	1.分辨领唱与齐唱 2.合作二声部歌唱 3.合作三声部歌唱

二、结构

每一首曲子都是经过精心设计的，设计的结果便是结构。设计音乐结构时最基本的要素是平衡、整齐与变化，而达到平衡与整齐的基本手段就是重复。因为有重复才使得变化更有意味，在音乐结构中重复永远是主要的，变化是在重复的基础上进行的，在一首曲子中变化太多且没有依据会使音乐变得难懂与无意义。

在幼儿园音乐教学范围内，有关结构的内容就在句子的重复与变化、段落的重复与变化之间展开。

模仿句是最简单的重复句，在歌曲中无论旋律还是歌词，后面的句子总是在前面一句的基础上走。在小班初学歌唱时，模仿句结构的歌曲容易让幼儿模仿教师的头声歌唱与合拍韵律，这样会降低幼儿的歌唱难度，容易让幼儿喜欢歌唱。喊答句结构的歌曲主要让幼儿理解句子的变化以及变化中的呼应。民族、民间歌曲中有许多是喊答句结构的，如对歌、劳动歌、号子歌等，这种生活趣味很浓的歌曲如果改编得很有儿童趣味，幼儿会非常喜欢的。

有关段落结构，我们主要让幼儿理解主副歌结构、二段体结构、三段体结构、回旋体结构、引子与尾声。主副歌结构的歌曲指的是由音乐品质不同的两段音乐构成的歌曲，这种歌曲因为有歌词的再现性内容提示很容易让幼儿表演，幼儿在表演过程中通过肌肉感很容易体会到两段歌曲之间的不同品质，因此也就很容易体会到段落的变化。一般情况下，对器乐曲的二段体、三段体、回旋体的理解主要是通过主副结构歌曲的铺垫来进行的。只要能理解歌曲中两个段落音乐之间的变化（理解的标准不是通过语言检验而是通过动作表演检验，只要幼儿能够用不同的动作来分别表达两段音乐，那么就说明幼儿已经理解了），就一定能理解器乐曲中两个段落之间的变化。三段体与回旋体只是两段体的扩展，并没有太大的难度。

结构经验年龄目标见表 4－6。

表4－6 结构经验年龄目标表

年龄阶段		3～4 岁	4～6 岁
结构	模仿句	能模仿教师歌唱	用打击乐器表达模仿句
	重复句	能模仿教师歌唱	1.用打击乐器表达重复句 2.用重复句创编不同的歌词并自如歌唱 3.为器乐曲的重复句创编同样的动作
	喊答句	能模仿教师歌唱	1.用打击乐器表达喊答句 2.为喊答句创编歌词并自如歌唱
	主副歌		1.以重复动作的方式找出三段体中的重复段 2.分辨主副歌歌曲中的主段与副歌 3.为主副歌配不同风格的打击乐伴奏
	三段体、回旋体		1.以重复动作的方式找出三段体中的重复段 2.为三段体音乐配伴奏 3.以重复动作的方式找出回旋体音乐中的重复段 4.即兴合作打击乐回旋曲
	附加成分		1.分辨歌曲中的前奏、间奏 2.分辨乐曲中的引子、尾声 3.为歌词配前奏 4.即兴创作打击乐合奏引子

第四节　音色与风格

一、音色

音色不只是音乐元素，也是生活元素。幼儿在生活中每天与数不清的声音相遇，而这些声音都具有不同的特点，所以与其他音乐元素相比，音色是与幼儿生活经验非常相关的一种元素。一般情况下，幼儿园的音色探究活动会涉及的内容包括噪音与人声、打击乐器的音色、生活中的音色、自然界中的音色、机器的音色、乐器的音色。

（一）音色经验年龄目标

音色经验年龄目标见下表。

表4－7 音色经验年龄目标表

年龄阶段	3～4 岁	4～6 岁
日常音色	1.探索生活环境中的音色 2.探索自然现象中的音色 3.探索各种动物的音色 4.探索机器的音色	1.进一步探索生活中的音色 2.进一步探索自然现象中的音色 3.进一步探索各种动物的音色 4.进一步探索机器的音色
打击乐器音色	1.玩木质打击乐 2.玩塑料质地打击乐 3.玩铁质打击乐 4.玩有固定音高的打击乐	1.分辨木质打击乐音色 2.分辨塑料质地打击乐音色 3.分辨铁质打击乐音色 4.分辨特殊音色打击乐音色
人声	分辨说、唱、悄悄话与喊叫	1.分辨童声与成人声 2.用嗓音模仿童声与成人声
乐器音色		1.分辨中国乐器音色 2.分辨西洋乐器音色

（二）乐器的音色

教师选择用打击乐器单独演奏的音响材料。录音中出现一种乐器的声音,请幼儿寻找这是什么乐器发出的,可以多次尝试。按照录音的顺序把这些打击乐器的声音用活动室中的打击乐器表达出来。

根据《彼得与狼》(片段)的音乐剧情进行角色扮演,这类动作一项的思维要点不是进入幼儿的生活、游戏情境,而是把曲子的音乐表现性用相对简单的动作表达出来。其中,乐曲中的长笛是小鸟形象,黑管的音色是猫的形象,圆号的音色表现的是狼的形象。

二、风格

音乐风格往往存在于具有共同听觉特征的一个音乐群体中,这个群体中的音乐人和听众拥有某些相同的音乐信仰、共识和偏好。例如,对于西方音乐中的古典音乐与浪漫音乐,西方音乐爱好者或受西方音乐熏陶的非西方音乐爱好者很容易分辨它们在音乐句法与非句法特性上的区别,也就是音乐风格上的区别。其中最明显的区别就是浪漫音乐对音色、力度、速度等非句法音乐元素的使用在分量上大大超过古典音乐对这些非句法音乐元素的使用,这使得浪漫音乐被更多的非音乐专业的人所接纳。音乐风格的概念是涵盖音乐句法与非句法的所有特性的,而不是句法与非句法特性中的一种元素,所以从严格意义上说风格是不能放在音乐形式元素中的。风格经验年龄目标见下表。

表 4-8　风格经验年龄目标表

年龄阶段	3～4 岁	4～6 岁
摇篮曲	在教师的鼓励下,能抱着娃娃唱摇篮曲	1.独立歌唱二拍摇摆的摇篮曲 2.独立歌唱三拍摇摆的摇篮曲 3.理解没有歌词的摇篮曲即抒情乐曲
舞曲		1.理解舞曲一般是活泼的乐曲 2.能够跳二拍、三拍身体摇摆的几类典型的舞曲 3.能够把舞曲中一些典型的节奏型迁移到打击乐演奏中
进行曲		1.理解进行曲一般都是适合行进的 2.理解进行曲本身也有多种风格

第五章 学前教育音乐教学实践

第一节 学前儿童歌唱能力的发展

歌唱,是人类音乐活动的重要领域之一。柯达伊曾说过,通过歌唱最容易接近音乐,歌唱也是最容易表达思想情感的音乐形式。有了歌唱的基础,更高层次的音乐教育才能得以发展。器乐毕竟只是少数人能够接近的,只有人声——一个人们生而有之,而且是最优美的乐器,才是使音乐文化属于每个人的沃土。柯达伊在《儿童的合唱》一文中还指出,只有以歌唱为基础的教育形式才能普及到每个儿童。

不过,尽管儿童从先天遗传中获得了一套精致的歌唱器官,但儿童的歌唱能力还是经过后天的学习而逐步发展起来的。

一、学前儿童歌唱活动的教育内容

学前儿童歌唱活动的教育内容主要有歌曲(含节奏朗诵)、歌唱的表演形式以及歌唱的简单知识技能。

(一)歌曲

歌曲是有旋律、有歌词、能用嗓音表现出来的一种音乐艺术形式。在学前儿童音乐教育中,歌曲占的比重最大。适合儿童演唱的歌曲有很多,可以是成人专门为儿童创作的歌曲,也可以是传统的童谣以及由儿童自己创作或即兴创作的歌谣,当然,一些国外有名的儿童歌曲也应在其列。节奏朗诵是一种艺术语言与音乐结合的艺术表演形式,可使学前儿童在欢愉的情绪中加深对语言与节奏的感觉和理解。

虽然节奏朗诵较之歌曲来说似乎没有清晰可辨的旋律,但它同样体现了音乐艺术形式美的特征。儿童通过嗓音的变化和语气既表达了一系列富有韵律感、节奏感和结构感的语词,又感觉并体验到固定拍、节奏、强弱、快慢、声调高低、结构句子等几乎全部的音乐形式要素,从这一点上说,节奏朗诵和歌曲除了在有无旋律方面有所不同外,在其他方面都是相似的,因而也可作为对幼小儿童进行早期歌唱教育的特殊教材。节奏朗诵的具体内容可以是诗歌、歌词、童谣、游戏语言,也可以是词组、象声词、无意义的嗓音音节,甚至还可以是一些用唇、齿、舌和气息振动发出的音响。

(二)歌唱的表演形式

歌唱的表演形式是指歌唱活动中参加者的人数、全体参加者的合作方式和歌唱时所伴随的表演方式(如动作表演、乐器演奏等)的总和。在学前阶段,儿童可以掌握的歌唱表演形式(包括节奏朗诵形式)主要有独唱、齐唱、接唱、对唱、领唱齐唱、轮唱、合唱和歌表演等。

1. 独唱

一个人独立地歌唱或独自歌唱。

2. 齐唱

两个或两个以上的人在一起整齐地演唱完全相同的曲调和歌词。

3. 接唱

包括个人对个人的接唱、个人对小组的接唱以及小组对小组的接唱。常见的形式是半句半句的接唱或一句一句的接唱。

4. 对唱

形式上与接唱类似,内容上更强调问答式的呼应。包括个人对个人、个人对小组(或集体)、小组与小组之间的问答式的歌唱。

5. 领唱齐唱

一个人或几个人演唱歌曲中比较主要的部分,集体演唱歌曲中配合的部分。

6. 轮唱

两个小组(声部)一先一后按一定间隔开始演唱同一首歌曲。

7. 合唱

其形式包括:一个声部用哼鸣的方式演唱旋律,另一个声部按相同的节奏朗诵歌词;一个声部唱歌词,另一个声部用相同旋律唱衬词;一个声部唱歌词,另一个声部在第一个声部休止或延长处用拟音演唱填充式的词曲;一个声部唱歌词,另一个声部演唱固定音型式的词曲或延长音;两个声部同时演唱两首相互和谐的歌曲等。

8. 歌唱表演

一边歌唱一边做身体动作表演。这些身体动作表演可以是有明确节奏的,也可以是没有明确节奏的;可以是表现歌词内容的,也可以是表现歌曲情绪的或仅仅表现某种与歌曲相配合的节奏的;可以是有空间移动的,也可以是在原地站着或坐着做的;可以是手、脚配合或全身配合来做的,也可以只用手或脚甚至其他某一个单一的声部部位来做的。

(三)歌唱

歌唱是一种需要学习的技能。在学前儿童歌唱活动中,儿童应逐步掌握以下最基本、最简单的知识技能。

1. 正确的歌唱姿势

身体和头部保持正直;两眼平视前方;两肩放松不紧张;两臂自然下垂或自然放在腿上;坐着歌唱时不将椅子坐满、不靠在椅背上等。

2. 正确的发声方法

下巴自然放松;嘴巴自然张开;自然地向前发音,既不肆意叫喊,也不刻意控制音量等。

3.正确的呼吸方法

自然呼吸;均匀用气;呼吸时不抬头、不耸肩;不发出吸气声;一般不在句子中间换气等。

4.正确的演唱技能

先准确地辨别、理解和形成清晰的音响表象,然后再在熟练掌握的基础上轻松自如地演唱。

5.自然、恰当的表达技能

自然舒适地歌唱;有理解、有感情地歌唱;自然、恰当地运用声音表情、面部表情以及身体动作表情,不故意,做作。

在歌唱活动中,说到表情,一般人可能更多地考虑到歌唱者在歌唱时的一种外显的面部表情和体态(包括身体姿态和动作)表情。实际上,如果我们评价一个人的歌唱是否具有感染力,具有怎样的感染力、我们就不仅仅是在谈论歌唱者的体态和面部表情,而是同时在谈论歌唱者的声音表情。

一个人的歌声是否具有一定的表情,需要考虑两方面的问题:首先是歌唱者内心是否具有某种感情体验和歌唱者是否有愿望表达这种感情体验;其次是歌唱者是否掌握了用歌声表达感情的有关知识和技能,即能否运用咬字、吐字、气息断续变化以及速度、力度变化等演唱技巧进行歌唱。只有运用一定的演唱技巧,借助歌声传达出的内心情感才可以被称为声音表情。当然,对于学前儿童来说,运用这些技巧的程度是十分低浅的。

6.正确、默契的合作技能

注意倾听自己和他人的歌声,不超前也不拖后;共同歌唱时不使自己的歌声突出,应与他人整齐一致;轮流歌唱时准确地与其他人或其他声部和谐衔接;配合歌唱时努力保持各个声部之间在音量、音色、节奏上的协调性,以及在内心情感体验、声音表情、面部表情(包括目光交流)、体态动作表情交流与配合方面的协调性等。

7.嗓音运用、保护的知识技能

不长时间大喊大叫和歌唱;不在剧烈运动时大声叫喊和歌唱;不在剧烈运动后马上歌唱;不在空气污浊的环境中歌唱;不迎着风歌唱;不在伤风感冒、咽喉发炎的时候歌唱;在歌唱时注意努力保持身体、心情、表情、嗓音的舒适状态,感到不舒服时应暂停、休息或进行自我调整等。

二、学前儿童歌唱能力的发展

(一)0～3岁儿童

对于儿童来说,他们开始学习说话和唱歌几乎是无法严格区分的。儿童歌唱能力的发展与儿童语言的发展是紧密相关的。儿童歌曲能力的发展与说话能力的发展是平行的。当儿童语言发展进入到"咿呀学语期"时,其歌唱能力也出现了"咿呀学唱期"。但是,这两种

"咿呀"的含义不尽相同:8个月左右的婴儿会用咿咿呀呀的声音开口模仿成人说话,并逐渐出现咿咿呀呀的独自语言;到1岁左右,婴儿开始发声学"唱歌",这种"咿呀"之歌与非音乐的、作为讲话先兆的"咿呀"是有区分的。

(二)3~4岁儿童

这一年龄阶段的儿童对音乐的表现欲望和能力正在增强,表现在他们对歌唱活动的兴趣大大加强,特别是对富有戏剧色彩的、生动活泼的、情绪热烈的歌曲很是喜欢,还喜欢唱歌曲中的重复部分。

第一,歌词方面。在歌词的表现方面,虽然3岁左右儿童的语言发展有了很大的进步,已经能够完整地掌握比较简短的句子或较长歌曲中的相对完整的片断,但是由于这一阶段儿童认知发展方面的局限,他们对歌词含义的理解还存在一定的困难,加之听辨和发音能力还比较弱,所以碰到他们不理解的字词,往往吐字不清。

第二,音域方面。3~4岁儿童歌唱的音域一般为c1~a1(即C调的1~6),其中唱起来最舒服、轻松的是在d1~g1之间,即C调的2~5,但个别儿童的音域发展会有所偏差。

第三,旋律方面。在旋律的感知方面,这一年龄阶段儿童存在着差异性和不精确性,最明显的表现就是"走音"现象。有相当一部分儿童的音准有问题,往往不能准确地唱出歌曲旋律,唱歌如同"说歌"。

第四,节奏方面。在节奏方面,3~4岁的儿童基本上都能做到比较合拍地歌唱,尤其是对与走步、跑步、心跳、呼吸等相对应协调的节奏——四分音符、八分音符所构成的歌曲节奏更易感受和掌握。

第五,呼吸方面。3~4岁的儿童由于肺活量较小,呼吸较浅,对气息控制的能力还没有很好地发展起来,因此往往不能根据乐句的需要来换气。

第六,其他方面。在歌唱的其他表现技能方面,3~4岁的儿童能够在成人的引导下,特别是在幼儿园良好教育的影响下,对已经熟悉和理解的歌曲,以速度、力度、音色等较明显的变化来表现歌曲。

(三)4~5岁儿童

第一,歌词方面。这一年龄阶段,儿童掌握歌词的能力有了进一步的提高,一般都能比较完整、准确地再现熟悉的歌曲中的歌词,而且对歌词的听辨、理解、记忆和再认能力有了很大的提高,唱错字、发错音的情况有了较大的改善。

第二,音域方面。4~5岁儿童歌唱的音域较以前有了扩展,一般可以达到d~bl(即C调的1~7),但在个别的儿童身上仍有很大的差异性。

第三,旋律方面。由于这一年龄阶段儿童接触的歌曲日益增多,他们对旋律的感知、再认能力逐步提高,音准把握能力有了较大进步。

第四,节奏方面。在节奏方面,随着儿童听觉分化能力的逐步提高,这一年龄阶段,儿童对歌曲节奏的把握和表现能力得到了较大的发展。他们不仅掌握了四分音符、八分音符的歌曲节奏,还能够比较准确地再现二分音符的节奏,甚至带附点的节奏。

第五,呼吸方面。4～5岁儿童对嗓音的控制能力有了进一步提高,能够逐步学会使用较长的气息,一般都能够在教师的指导下学会按乐句和情绪的要求换气,中断句子、中断词意的换气现象有明显的改进。

第六,其他方面。这一年龄阶段,儿童在歌唱技能的发展中对速度、力度、音色变化的把握方面有了一定的进步,这是因为他们对歌曲形象、内容的理解在一定程度上有了提高,由此在演唱、表现歌曲时,能够比较细致地表达出歌曲在力度、速度等方面的变化,且比小班儿童表现得更为准确。

(四)5～6岁儿童

第一,歌词方面。这一年龄阶段,儿童在歌唱的技能和水平上有了较显著的提高。首先表现在随着语言的发展,他们能记住更长、更复杂的歌词,对词的理解能力也进一步提高,在歌词的发音和咬字、吐字方面表现得更趋完善。

第二,音域方面。5～6岁儿童唱歌的音域基本上可以达到 cl～c2(即 C 调的 1～i),个别儿童甚至更宽。

第三,旋律方面。随着儿童歌唱经验的不断丰富,5～6岁儿童的旋律感得到发展,特别是音准方面的进步更为明显。他们不仅能很容易地掌握小三度、大三度、纯四度、纯五度音程,比较准确的把握旋律的音高进行,而且对级进、小跳大跳不会感到太大的困难。这时,儿童已经初步建立了调式感。

第四,节奏方面。5～6岁儿童不但能准确地表现 2/4 拍和 4/4 拍的歌曲节奏,同时对三拍子歌曲的节奏及弱起节奏有了一定的理解和掌握,而且能够较好地掌握带附点的节奏和切分节奏歌曲的演唱。

第五,呼吸方面。这一年龄阶段,儿童气息保持的时间较以前延长,能够按乐曲的情绪要求较自然地换气,同时歌唱的音量较以前有了明显的增加。

第六,其他方面。5～6岁儿童歌唱的表现意识得到了更进一步的加强,表现在歌唱的声音表情更趋丰富,能够表现出同一首歌曲中的强弱快慢,能较好地唱出顿音、跳音、保持音及连音,并且能尽力把不同的情绪、情感体验通过音色、节奏、速度、力度上的对比变化生动细致地表达出来;在集体歌唱时,协调一致的能力也大大加强,不仅能与集体同时开始、同时结束演唱,而且会听前奏、间奏,还对对唱、接唱、轮唱、合唱等不同的演唱形式产生了兴趣。

第二节 学前儿童歌曲的选择

歌唱的材料主要是歌曲。在为儿童选择歌唱材料时,我们应注意,不是儿童喜欢什么歌曲就可以让其唱什么歌曲,而是要有所选择,使所选歌曲既符合学前儿童的年龄特点,又有利于促进学前儿童的身心发展。

歌曲是由词曲结合的艺术作品。在选择歌唱材料时必须同时兼顾歌词和曲调两个方面。

一、歌词的选择

为学前儿童选择的歌曲,其歌词一般应具有以下特点。

(一)歌曲内容与文字应具有童趣并易于记忆和理解

学前儿童的生活经验还很有限,理解事物和语言的能力也比较低,因此,歌曲内容与歌曲使用的文字首先应生动形象、浅显易懂,为儿童所理解,否则,此时歌唱着的只是儿童的声音,而不是正在歌唱的儿童本人。儿童的歌唱一旦缺少了心灵上的感动,也就严重地减弱了歌唱时的自发性乐趣。其次,歌词的内容、形象应是儿童比较熟悉和喜爱的。从世界各国儿童喜爱的歌曲的内容看,动植物、自然现象、交通工具、身体的各个部分、郊游活动、节日活动等,都是儿童日常能接触到且感兴趣的内容。此外,儿童对一些押韵的句子、象声词,甚至一些无意义音节(如咕嘟咕嘟、啊呜啊呜等)的嗓音游戏也很感兴趣;而某些滑稽、幽默的事情由于能理解,也觉得特别有趣。最后,歌词的结构应是简单、多重复的。结构简单是指句子中所含的词汇较少,语法结构较单纯;多重复主要是指句子与句子之间在长度、结构、节奏方面相同或相似,甚至在旋律、节奏和歌词方面有较多完全相同的地方。

(二)歌词内容应富于爱、富于美、富于想象、富于教益

孩子的世界是充满爱意的。我们经常会看到母亲对孩子柔和而充满爱意地唱着《摇篮曲》,即使孩子不懂得歌词的含义,但那种爱的感觉却足以使孩子沐浴在幸福之中。因此,有爱意的歌曲才是好的歌曲。此外,所选歌词在形式美方面应该具有由押韵或其他规律重复造成的富于音乐美的性质,而且应该经常使用象声词、衬词、感叹词、无意义音节等富于自由性、新颖性和情感性的材料。在内容美方面,好歌词经常使用拟人、比喻、夸张、诙谐等富于幻想性的表现手法,将童心、童趣和爱的情感注入歌曲所表现的事物或事件中,以便能通过在情感上对儿童的打动、吸引来达到审美教育、思维教育和思想教育同时产生效益的目的。就像体育能使人身体强壮一样,好的音乐能使人的心灵变得更温柔、更高尚、更敏感。

(三)歌词形式与内容应适于用动作来表现

学前儿童的活动总体上是不分化的,无论是说话还是歌唱,都常常以动作相伴随。而且学前儿童尚处在语言学习的早期阶段,以动作来辅助语言的理解和表达,是该阶段儿童学习语言的心理需要。另外,这种边唱边做动作的方法不仅有利于儿童记忆歌词、发展节奏感和提高动作的协调性,而且也能更好地帮助儿童表达情感。

二、曲调的选择

为学前儿童选择的歌曲,其曲调一般应具有以下特点。

(一)音域较狭窄

音域是指一首歌曲中最低音到最高音的范围。学前儿童一般不宜唱过高或过低的音,

因为只有在适合的音域内歌唱时,儿童才比较容易唱出自然优美的声音,也只有在适合的音域歌唱时,儿童才不容易"唱走音"。所以,在为学前儿童选择歌曲时,不应该选择音域过宽的作品。但也要防止机械、绝对地处理音域问题。如有的歌曲音域较宽,但主要旋律在儿童最感舒适的音区内进行,偶尔有个别音超出这个范围,但它并不是长时值的音,也不是停留在强拍上的音,出现的次数也不太多,故也是适合儿童学唱的。

（二）节奏较简单

节奏在这里作广义解,包含狭义的节奏——时值的长短关系、节拍和速度。学前儿童一般不适合唱过于复杂的节奏。所选歌曲主要由二分音符、四分音符、八分音符等节奏组成,也可选择含有少量十六分音符、附点四分音符、附点八分音符、休止符甚至切分音节奏的歌曲。为4岁以下儿童选择的歌曲,应以二分音符、四分音符、八分音符构成的节奏为主,偶尔也可以出现含有附点音符和休止符的节奏。为4～6岁的儿童选择歌曲时,可选择含有少量十六分音符的节奏,附点节奏出现的次数也可以稍微多一点,还可以出现少量含有切分音的节奏。

为3岁以下的儿童所选歌曲的节拍,最好以2拍子和4拍子为主。也可以偶尔为3～4岁的儿童选择一些3拍子的歌曲。为4～6岁的儿童选择歌曲时,除了一般仍然以2拍子和4拍子的歌曲为主外,可以开始较多地选择3拍子甚至6拍子的歌曲。

另外,也还可以适当为4～6岁的儿童选择一些含有弱拍起唱的歌曲。

用较快的速度或较慢的速度歌唱,对较小的儿童来讲都是比较困难的。因为,较小的儿童呼吸比较浅也比较短,而快速度和慢速度的演唱却要求能有较深的呼吸和较长的气息支持。所以,在为4岁以下的儿童选择歌曲时,一般来说用中速比较合适。

4～5岁的儿童比较容易兴奋,除了可以适当选择比较轻快活泼、速度稍快的歌曲以满足他们的需要外,还应注意多选择一些安静柔美、速度稍慢的歌曲以陶冶他们的性情。5～6岁的儿童已经开始有了一定的情感自控能力,控制发音器官、呼吸器官的能力也有了一定的进步。所以,这时可以为他们选择一些速度稍微更快一点或更慢一点的歌曲,还可以为他们选择一些含有速度变化的歌曲,如明显的快慢对比及渐快渐慢,以适应他们歌唱表现能力成长的需要。

（三）旋律较平稳

学前儿童一般不适合唱旋律起伏太大的歌曲。一般来讲,他们比较容易掌握的是三度和三度以下的音程,同音重复也包括在内。对于小二度音程（即半音）,4岁以下的儿童还不太容易唱准,所以为3～4岁儿童选择歌曲时应注意多选以五声音阶为骨干的旋律。在四度以及四度以上的大音程中,学前儿童比较容易掌握的是四度、五度和八度音程。对六度和七度音程,即使是6岁甚至6岁以上的儿童也是不太容易唱准的。因此,在为学前儿童选择歌曲时,宜多选旋律比较平稳的歌曲。三度以上的跳进可以使旋律更加生动活泼,有一点跳进也可以使儿童逐步适应音程的跳进。但总的原则还是跳进不宜多,跳进的跨度不宜过大,特别是不宜有连续的大音程,应注意多选以五声音阶为骨干的旋律。

(四)乐句结构较短小工整

为学前儿童所选歌曲的乐句也不宜过长。在中等速度的情况下,2 拍子或 4 拍子的歌曲一般以每句 4 拍为宜;3 拍子的歌曲一般以每句 6 拍为宜。5～6 岁的儿童在速度较快的情况下,偶尔也可以唱含稍长句子的歌曲。但总的来讲,为学前儿童所选歌曲的乐句还是以短小为宜。

学前儿童不宜唱结构过于复杂的歌曲。为 4 岁以下儿童选择的歌曲,大多应结构比较工整。也就是说,乐句与乐句之间,在长度上是相等的,在节奏上是相同或相似的,而且一般应该是没有间奏、尾奏等附加成分的。为 5～6 岁儿童选择的歌曲,已经可以有间奏和尾奏,而且偶尔也可以唱一些不工整的乐句,但总体上还是应以工整为宜。4 岁以下儿童所唱的歌曲,大多应为一段体或一段体的分节歌。5～6 岁儿童偶尔也可以唱一些简单的两段体或三段体的歌曲,但总体还是应以一段体为主。

(五)词曲关系较单纯

学前儿童一般不宜唱词曲关系过于复杂的歌曲。4 岁以下儿童所唱的歌曲大多应该是一个字对一个音的。4 岁以上的儿童可以逐步掌握一个字对两个音的词曲关系。但总的来说,为学前儿童所选的歌曲在词曲关系方面还是应该相对单纯为好,一字一音的关系还应是主流。

三、歌曲的总体选择

为学前儿童选择的歌曲尽管比较短小、简单,但总体上应该具有纯真性、艺术性和教育性,而且要注意避免单一化,应体现内容、形式、风格等方面的丰富性和多样性。除了首先多选我国的幼儿歌曲以外,适当选择世界各兄弟国家和各民族的优秀作品也是非常有必要的。这对扩大儿童的认识面,提高儿童歌唱的兴趣,领会不同风格的歌曲等,都有一定的积极意义。

总之,为学前儿童选择合适的歌曲,是一个复杂的问题。上面说到的各种因素组合在一首歌曲中,情况千变万化。因此,选材时要统一考虑到诸因素,而不能机械地、割裂地逐项去评价、衡量一首歌曲。

第三节 学前儿童歌唱活动的设计与指导

一、艺术性歌唱教学

对于学前儿童来说,艺术性歌唱主要体现在两个方面:第一,用自然美好的声音歌唱;第二,用有感情的声音歌唱。

（一）用自然美好的声音歌唱

目前,所有的教科书无一例外地强调要用自然美好的声音歌唱。但实际上,在幼儿园很难听见由学前儿童唱出的真正自然美好的歌声,最普遍的现象便是儿童扯着嗓子大声喊叫。究其原因主要是,教师不知道如何教儿童唱出自然美好的声音,故而追求自然美好的歌声成了写在纸上的口号。这里我们介绍一种可操作性较强,有助于帮助儿童获得自然美好声音的方法:轻声入手、口面腔共鸣和向前唱。

在歌唱活动中,我们经常看到有一些教师要求儿童"大声唱",实际上,学前儿童仅仅刚开始学习歌唱,发声的方法基本上与说话是一样的,同时他们控制气息的能力较差,还不会灵活地调度、使用发声器官,所以当教师提出"大声唱"时,他们往往扯着嗓子喊叫。而儿童一旦形成喊唱的习惯,便只顾自己喊,不会倾听他人的歌声了,这对发展他们的音乐听觉和保护嗓子都是有害的,自然也就不可能指望他们发出自然美好的声音了。

实践研究证明,在非压抑的情况下,尤其在自由、自然地进行歌唱的情况下,儿童所发出的声音总是比较自然、舒适、松弛和美好的。而且,在这种情况下,儿童"唱走音"的情况也往往会大大缓解。所以,轻声、用柔和的声音歌唱,更通俗地讲就是用"说悄悄话"的方法歌唱,已经成为一种儿童歌唱的"入门要诀"。虽然,在"轻声入手"的初期,学前儿童的音色会让人感到软弱一些,但那不过是因为儿童在生理和心理上都还没有完全达到协调而已。实践证明,在有着"轻声入手"歌唱习惯的班级,在演唱完全没有记忆负担和技术负担的熟悉歌曲时,在完全没有心理负担的情境下,一旦儿童的情绪、情感进入适宜的状态,明亮、美好、富于感染力的歌声自然就会出现。所以,教师不必过分担心"轻声入手"会造成失去美好童声音色的问题。

当然,需要特别注意的是,儿童自然美好的歌声产生的先决条件是"在非压抑的情况下"。所以,教师在指导儿童进行"轻声入手"的歌唱练习时,绝不应该直接用指令的方法要求儿童压低音量,而应该用富于感染力的、耳语般轻柔的声音来对儿童讲解要求、发出邀请和进行范唱,提供的琴声前奏和伴奏的感觉也是一样的标准。总之,只有教师在声音和行为上做出了正确、美好的榜样,我们所追求的自然美好的声音才有可能出现。

"口面腔共鸣和向前唱",一方面,是汉语语音发音最自然的方式;另一方面,也是获得童声清澈明亮音色的最自然的方式;再一方面,更是使儿童避免将声音压在喉咙里或压进胸腔里的最自然的防范措施。当然,教儿童歌唱发声,绝不能给他们讲歌唱发声的共鸣部位,"聪明"的办法就是选择那些能够获得口面腔共鸣的歌曲,在教师正确的发音共鸣榜样的带动下进行练习。这样,通过听觉,儿童可以自然模仿和接近教师的发音共鸣方式。

（二）用有感情的声音歌唱

所谓用有感情的声音歌唱就是要儿童深刻体验、感受歌曲所表达的感情,理解歌曲为表达这种感情所采取的表现手法,并能运用各种歌唱技能,通过咬字、吐字、气息的断续变化和声音力度的强弱、速度的快慢及音色的控制、变化等,表达歌曲的思想感情,并在外表上有自然的、发自内心的(不是假装的)感情流露。用有感情的声音歌唱牵涉到两个方面的问题:首先是歌唱者内心应具有某种感情体验和歌唱者有愿望表达这种感情体验;其次是歌唱者已掌握了用歌声表达感情的有关知识和技能。针对这两方面的问题,在教学过程中,教师应该遵循的原则和采取的方法主要有以下几种:

第一,教师为儿童提供正确的歌唱榜样。为此,教师应尽量争取有更多机会,能直接面对儿童歌唱或带着儿童歌唱;随时注意自己在歌唱时情感表达的准确性和感染性,以及经常使用不带伴奏的清唱和稍带夸张口型的歌唱,特别要认真唱好歌曲中的逻辑重音、情感重音、句首重音等。

第二,教师自己应随时注意从情感体验入手,由内向外,以情带声,身体随着感情的自然流露而参与运动和表达。此外,教师提供的伴奏以及讲解和指示语言,都应具有良好的情感感染性。

第三,教师应针对不同性质的歌曲,结合其表现内容,指导儿童应用各种基本演唱技能(如咬字、吐字、气息的断续变化以及声音速度、力度的变化等)来表达情感。

咬字、吐字、气息与情感表达的一般规律是:

①优美、温柔、悲伤的歌曲,多采用较慢的速度,较弱的力度和相对更连贯、更柔和的气息流动方式。咬字、吐字的方式用比较形象的动词来说就是"推"出去的。我们可以把这种唱法称为"抒情曲的唱法"。如《小乌鸦爱妈妈》《大树妈妈》《摇啊摇》等。

②活泼、欢快、轻松的歌曲,多采用适中的力度,较快的速度和相对更有弹性、更短促、更不连贯的气息流动方式。咬字、吐字的方式用比较形象的动词来说就是"弹"出去的。我们可以把这种唱法称为"舞曲的唱法"。如《胡说歌》《小小蛋儿把门开》《我有小手》等。

③坚定有力、朝气蓬勃的歌曲,多采用较强的力度、较快的速度和相对较短促,但比"跳音唱法"稍稍长一点、不连贯的气息流动方式。咬字、吐字的方式用比较形象的动词来说就是"打"出去的。我们可以把这种唱法称为"进行曲的唱法"。如《长大要当解放军》《这是小兵》《小海军》等。

④沉稳、有力的歌曲,多采用较强的力度、较稳健的速度和相对绵长的、不完全连贯的气息流动方式。这种气息流的头部比"进行曲唱法"的气息流的头部还要更大一些,尾部也要更长一些。咬字、吐字的方式用比较形象的动词来说就是"爆发"出去的。在幼儿园常用这种方法来演唱劳动歌曲,所以我们可以把这种唱法称为"劳动曲的唱法"。如《加油干》《嘿哟!加把劲》《拔萝卜》等。需要说明的是,上述四种演唱方法仅仅是为了能较简单地说明问题。实际上,同种性质的歌曲往往表达的内容各不相同,因此具体的演唱处理也有很大差异。而且在不少歌曲中,段与段、句与句之间也可能采用不同的方法来处理。有时甚至同一首歌曲也可以因为演唱方法的不同而表达出不同的情感。

二、新歌导入与新授歌曲的模式

学前儿童歌唱活动的导入程序,实际上是指在集体音乐教育情境中使儿童第一次接触一首新歌曲的活动环节,也可以说是歌唱教学系列活动中的第一层次的活动。歌唱活动的导入模式是多种多样的,关键在于教师的灵活运用、精心设计。以下介绍的新歌导入模式如果应用得合理,不但能够减轻教师教授与儿童学习的负担,提高有限教学时间段内的教学效益,而且还能够使平淡枯燥的新歌教学活动变得生动活泼和富有情趣。

（一）动作导入的模式

该模式主要适用于是词曲内容简单、多重复,歌词内容比较富于动作性或较易用动作来理解的歌曲。用动作表达音乐是低年龄儿童最舒适的学习手段。歌唱活动中,动作导入的目的主要体现在三个方面:突出情趣,突出词义,突出结构。

1. 突出情趣的动作导入模式

具体做法是:教师创设一种有趣并富有遐想的情境,并直接展示一种或一套简单有趣的动作或动作游戏,同时用充满愉快情绪的声音演唱或播放新歌,待儿童的兴趣被调动起来后,自然地邀请儿童参与到歌唱的活动之中。如:

歌曲《青蛙跳》

①教师请儿童假想面前有一块草地,草地上有许多青蛙在跳。教师说:"我要用一根小树枝在草地上画个圈,让小青蛙到圈里来跳。"教师伸出一个手指边唱歌边画圈。一遍结束后,教师说:"我没有看到青蛙来跳。"

②教师说:"那就用两根小树枝来画圈吧。"教师伸出两个手指边唱歌边画圈一遍结束后,教师说:"青蛙还是没有来跳。"

③教师说:"再加一根树枝吧,青蛙才可能到圈里来。"教师边唱歌边用两根手指和一条腿画圈。一遍结束后,教师说:"青蛙还是没有来。"

④教师说:"看来还要再加一根树枝。"教师边唱歌边用手、腿及头一起画圈。一遍结束后,教师说:"这下青蛙跳到圈里来了。"

儿童在以上环节中既观看了教师游戏,同时也聆听了歌曲,积累了体验。教师虽然没有说"跟我学""跟我唱"之类的话,但儿童与教师之间已在会心的笑声中达到了默契交流。

⑤在儿童反复倾听歌曲的基础上,教师提出儿童与演唱的要求:"青蛙在圈里怎么不跳啊？可能你们唱的时候,它就会跳了。"

至此,儿童进入了学唱歌曲的环节,而这一切都显得那样自然。实际上,儿童在经历了上述反复倾听的过程后,对歌曲已能演唱了。

2. 突出词义的动作导入模式

具体做法是:教师提出并直接展示一种或一套简单有趣的动作或动作游戏,在儿童开始对教师提供的动作进行模仿或游戏的时候,教师同时开始演唱或者播放新歌为儿童的活动伴唱。如:

歌曲《摸摸耳朵》

①教师提问:"老师今天的耳朵带来了吗？谁愿意上来摸一摸老师的耳朵？"

②教师继续提问:"你们的耳朵带来了吗? 自己摸一摸你们的耳朵。"(可以想象,此时儿童一定会觉得十分有趣而开心地笑。)

③教师:"你们这么开心啊,开心那就拍拍手吧。"随后教师开始示范演唱,边唱边做动作。

④儿童跟随教师边唱歌边做动作。

⑤教师带领儿童进入部分创造的环节。启发儿童摸身体的其他部位,也可改变接触身体部位的方式,如敲身体的某个部位,弹身体的某个部位等。儿童在游戏的过程中自然而然地学会了歌曲。

3.突出结构的动作导入模式

具体做法是:教师依据歌曲的结构提出几种形象,邀请儿童用自己创造出来的动作或体态表现这几种形象,并组织儿童讨论,为每一形象选择一种合适的动作进行模仿练习,随后教师演唱或播放新歌,请儿童边倾听边依据音乐的性质将这几种动作与歌声一一匹配。突出结构的动作导入模式的重点是用动作和体态感受歌曲的结构,如段落、句子歌词内容的重复变化、前奏、尾奏与间奏等。如:

歌曲《郊游》

①教师邀请儿童创造两种身体动作,分别表现小朋友外出郊游愉快的样子和郊游途中看到优美景色时的样子,并进行集体模仿练习。

②教师演唱歌曲的旋律,第一、三部分应唱得活泼欢快,第二部分应唱得优美,并同时邀请儿童边听边根据音乐的性质选择上述两种动作中合适的一种与歌曲互相匹配。

③教师引导儿童发现:歌曲的第一、三部分的旋律是相同的并且是活泼欢快的,第二部分的旋律是不同的并且是抒情优美的。

④教师根据儿童想象的动作组合成歌表演,并进行集体练习。

(二)歌词创编导入的模式

该模式主要适用于词曲内容简单、多重复,歌词语法结构单纯清晰,具有某些语言游戏性质的歌曲。

具体做法是:教师直接提供某种情境,引导儿童用语言来表述这种情境,紧接着教师将儿童表述的语言组成歌词并唱出来。

(三)情境表演导入的模式

该模式主要适用于歌词内容是儿童能够"一目了然"的情境或事件,而且这些情境和事件也是儿童可以用自己的语言表述出来的一类歌曲。这里说的情境表演的形式有很多种,如哑剧表演、歌舞表演、木偶表演等。

具体做法是:教师依据歌词内容进行表演,设计的动作要重点突出,鲜明易懂,点睛出彩,而不是面面俱到,模棱两可,平铺直叙。

(四)故事讲述导入的模式

该模式主要适用于歌词含有相对完整的故事情节,表述的内容和语言结构也都较前几种复杂,如通常会含有难以用动作来表现的时间、地点以及环境描述、情节发展和人物对话等的一类歌曲。

具体做法是:围绕歌词内容讲述故事,不要过于添加情节,效果。讲述时可以由教师讲述,也可以是教师与儿童一起讲述。记住歌词,必要时还可以配上图片和活动的图景。如:

歌曲《小小金丝熊》

①教师出示挂图,引导儿童观察:天空中刮起了大风,树枝摇摆,有一座小房子倒塌了,一只小小的金丝熊被压在了石头底下。

②教师随歌曲的旋律讲述金丝熊的故事:前两天的一个晚上,天空突然刮起了大风,风越刮越大,不一会儿就把山上小动物的房子全都刮倒了,小金丝熊的房子也倒了。哎呀!小金丝熊被压在石头底下了。教师提问:"小小金丝熊,没有了伙伴没有了家,我们能伤害它吗?我们能丢下它不管吗?"

③教师拿着图,清唱歌曲的第一段。

④教师邀请儿童一起来想办法帮助小金丝熊。

⑤教师根据儿童的回答,重新改编第二段歌词并清唱。

（五）歌词朗诵导入的模式

与适宜采用故事讲述导入的歌曲相比,这一类歌曲中歌词的语言更加复杂,但情境性、故事性却又比较弱。

具体做法是:将歌词单独分离出来用儿歌或诗歌的教学方法来进行教学,分散词曲的同时降低学习的难度,并在第一阶段的教学中把儿童的注意力更有效地集中在歌词的音韵、节奏等方面的特殊审美特征上。而在第二阶段的教学中把儿童的注意力更有效地集中在曲调与歌词的关系上。

（六）游戏导入的模式

历史上许多传统的儿童游戏活动都是伴随着歌曲边玩边唱的。如《丢手绢》《卷炮仗》《伦敦大桥》等。后来不知何时,教师开始习惯于把游戏和歌曲分开作为两个独立的内容来教授,即先学歌曲,再教游戏,这就使得原本自然的活动变得很不自然。实际上,利用游戏的方式重复演唱歌曲,可以使歌曲的学习和游戏的学习互相强化,从而削弱枯燥重复的感觉。

具体做法是:组织儿童边玩游戏边唱歌。一开始不要刻意纠正儿童的演唱错误,而是把重点放在游戏方式、游戏规则和人际关系等方面。此后采用"拖"的方法,让儿童在反复游戏中自然而然地学会歌曲。

（七）填充参与的模式

该模式比较适用于含有不断重复出现的简单的词曲动机的歌曲。

具体做法是:在教师第一次范唱歌曲时,儿童就用朗诵或歌唱的方式参与其中。其目的是让儿童很快学会歌曲中重复出现的部分,并尽早地加入歌唱活动之中。

（八）音节玩耍的模式

有的时候,我们可以邀请儿童用各种单音音节、双音音节或者简单的多音音节填入简单的歌曲,如"嘟嘟嘟嘟""啼呜啼呜""哩噜哩噜"等。这些音节既可以是各种模仿现实音乐的象声字、象声词,也可以是没有特殊意义的单纯噪音音节。用这样的方法来玩唱歌曲,往往可以起到既增加儿童参与演唱的兴趣,又降低歌唱难度的作用。

具体做法是:教师邀请儿童想出各种奇奇怪怪的声音,然后选择某个"奇怪"的声音填入到歌曲中,并鼓励儿童将其他"奇怪"的声音填入歌曲中唱着玩。

此外,某些优秀中外民歌中的歌词内容或形象常常不为儿童所理解,给儿童的演唱带来一定的困难。考虑到儿童的实际能力,适当地采用"无意义音节"玩唱的方法演唱此类歌曲,一方面可以降低儿童对歌曲的理解和记忆难度,使这些歌曲能够接近于儿童的演唱能力,另一方面,也可以使儿童接触到更多优秀的中外名歌。这不失为一种与中外名曲对话、开阔音乐眼界的好方法。

具体做法是:首先通过其他活动(打击乐器演奏活动、音乐欣赏活动、韵律活动等)使儿童对歌曲的旋律、节奏和结构有所了解,然后引导儿童创造"无意义音节",再和儿童共同选择合适的音节,将之编填进歌曲中唱出。如:

歌曲《邮递马车》

①教师按照打击乐器演奏活动的教学程序和方法,教儿童学会用乐器为该首歌曲的录音音乐伴奏。

②教师引导儿童创造"无意义音节",以表现马车由远渐近又由近渐远的形象和人们迎接邮递马车时的愉快心情。

③教师和儿童一起讨论,选择合适的音节,将之填入歌曲中唱出。

(九)"副歌"前置的模式

此模式主要适用于一些带有"副歌"的比较大型的歌曲。由于"副歌"通常都是为增加气势、强调主题而特别设计的,所以,在创造手法上也更强调重复。因此,让儿童先学会演唱"副歌",然后再在教师范唱整首歌曲时自然地在"副歌"部分参与演唱,这样往往可以激发儿童参与演唱的兴趣。

具体做法是:儿童首先学会演唱"副歌"。可以采用教师示范、儿童模仿的方法学习,也可以使用一定的教学策略引导儿童探索学习"副歌"部分。整个"副歌"学习过程应尽量减少"教"的痕迹。

(十)直观形象参与的模式

此方法主要适用于歌词含义对儿童来说比较复杂,结构不够明确,歌的先后顺序比较容易混淆等这一类歌曲。

具体做法是:分析歌曲,预测歌曲中儿童难以理解与记忆的部分,或者教学中需要儿童重点掌握的部分,据此设计视觉形象图。采用直观形象参与的模式导入活动,必须做到突出重点、难点,既能解决儿童的学习困难,又能帮助儿童习得用直观形象理解、解决问题的策略。

直观形象参与的模式可以有以下几种方法。

1. 突出结构法

利用直观形象的材料,有助于儿童对歌曲的结构感知。如歌曲《毕业歌》,在这首歌曲中,由于音乐的第一、三部分旋律相同,但歌词不同,歌词的第二、三部分都提到了幼儿园和教师,但先后顺序却是颠倒的,所以,儿童常常会唱着唱着就不知唱到哪里去了。因此,教师可以画一张类似下面结构的图画:

第一行:红色:一个带有翅膀的闹钟　一位去上学的孩子

第二行:黄色:一群孩子　一位教师

第三行:红色:一位教师　一群孩子　一位戴红领巾行队礼的孩子

上述图画,一方面解决了感知歌曲结构的问题(该音乐的结构为 ABA 三段体:第一、三行颜色一致,暗示歌曲的旋律一致),另一方面也理清了人物出场的前后顺序。当然,教师在教学过程中仍然要引导儿童注意图画提供的记忆线索。

2. 突出逻辑法

有些歌曲,对于缺少生活经验的儿童来说,是有一定的理解难度的。如歌曲《大馒头》,在这首歌曲中,儿童实际上是弄不清馒头、面粉、小麦和农民伯伯之间的内在关系的。所以,教师提供给儿童的图画画面就应该突出歌词中的这种逻辑关系。

第一,教师出示四张卡片,让儿童按序排列图片。通过操作,记忆歌词的逻辑顺序。

第二,教师在范唱和带领儿童练习时,每次都应该依次指出各个形象,帮助儿童记忆,直至儿童完全掌握,达到动力定型的程度。

3. 突出节奏型法

如歌曲《大母鸡》,在这首歌曲中,儿童学习的重点是知道母鸡什么时候叫,怎么叫。为此,教师设计了两张教学图片,分别表现母鸡的两种叫声:咯咯咯咯嗒|咯嗒咯嗒|咯咯嗒|。

①采用重点前置的方法,将歌曲中"大母鸡"叫的节奏型分解出来,作为节奏活动,使儿童初步掌握"大母鸡"的叫声。具体方法为:教师指图(第二张图第一行),同时示范念诵:咯咯咯咯 嗒|,提醒儿童有意识地观察图形和语音的对应关系,随后,教师鼓励儿童自己尝试将其他的节奏型念出来。

②教师清唱全曲,并提前用指挥动作,邀请儿童视图有节奏地念诵"大母鸡"的叫声部分。

③教师鼓励儿童学唱歌曲的其他部分。

另外还有突出顺序法、突出情节法和突出情趣法等。

(十一)欣赏导入的模式

该模式主要适用于某些优秀的中外儿童歌曲、民歌、童谣、戏曲等;某些歌词较长、旋律较复杂、唱腔较独特的歌曲等。

具体做法是:教师示范演唱或播放录音音乐,要求儿童以听赏为主,初步熟悉歌曲的内容、形象、情绪、风格等。儿童在欣赏过程中可根据个人情况,采用部分参与的方法演唱歌曲(如可以自由选择感兴趣的部分参与演唱,也可以只演唱歌曲中的重点句等),此后随着听赏次数的不断增加,儿童逐渐掌握歌曲中的其他部分。如歌曲《锄草》,这是一首河南豫剧,其曲旋律具有浓郁的地方韵味,儿化音、后鼻音重是其典型特点,由于该曲唱腔较难,儿童不易掌握,所以活动的重点便自然地放在引导儿童感受、欣赏豫剧韵味上。

以上介绍了十一种新歌导入与新授歌曲的模式。需要说明的是,所有的模式都是为达到教学目的而设计的。

三、创造性歌唱教学及教学技术

教师示范、儿童模仿的教学方法历来被看作是学前儿童集体歌唱教学的唯一方法。实践证明这类方法对学前儿童的音乐成长是有益和有效的。然而近年来,随着人们教育观念的不断进步,教师们开始注意到另外一类非正规的、非严格模仿的歌唱活动——创造性歌唱活动,创造性歌唱活动的特殊教育价值是:顺应儿童自由地探索周围世界的自然需求;发展儿童对音乐的主动倾向和探究精神;培养儿童对音乐的认识能力和创造音乐的技能等,并开始逐步地将这一类活动有机地组织到学前儿童的集体歌唱教学程序中来。在目前的学前儿童歌唱教学活动中,学前儿童创造性歌唱教学程序主要有创编歌词,创编歌表演动作,处理歌曲的演唱表情和演唱形式。

(一)创编歌词

1. 一般教学步骤

创编歌词的活动可以根据歌曲中歌词、儿童兴趣以及教师的教学需要,安排在教学系列层次活动的任何一个程序中。

2. 一般注意事项

小班歌词创编活动中的注意事项:

①所选歌曲的音域,一般应在六度以内;词曲的结合方式,应一字对一音;曲调的节奏,一般应以二分音符、四分音符、八分音符为主;每个乐句,在长度上一般应相等;整首歌曲的长度,一般不应超过八小节,以减轻儿童学习、掌握的负担。

②歌曲的旋律、节奏、歌词中应含有较多的重复成分,每段中最好只含有一种形象或动作,以减轻儿童记忆、反应的负担。

③歌词中所含的词汇,一般应多为名词、动词或象声词,句子的结构,应相对简单;创编时,只需儿童用少数"替换词"来替代原歌词中相应位置上的词汇;一般无须儿童重新组织句子,以减轻儿童语言表达的负担。

④最初学习时,应多采用在教师的具体帮助下,由某一位儿童想出相应的形象或词句,集体一起唱出的方法,待比较熟练后,再鼓励儿童学习独立地唱出新词,以减轻儿童情绪方面的负担。

⑤教师应特别注意鼓励儿童的"参与"精神,对反应较慢、发展暂时滞后的儿童,教师应给予平等的机会和更加具体的帮助,一般不宜催促,也不应漠视或放弃,以减轻儿童在自尊、自信成长方面的压力。

中班歌词创编活动中的注意事项:

第一,为中班儿童选择的歌曲音域可以稍宽一些,一般约在七度到八度之间。

第二,在节奏方面,可以允许有少量的附点音符和十六分音符;词曲结合的方式上,也可以允许有少量一字两音甚至一字多音的情况。但总的来讲,新因素增加的速度不宜过快,大部分的情况还是应该与小班接近。

第三,歌词内容方面,中班儿童可以比小班加入更多的新知识或间接经验。句子中所要求改变的成分也可以比小班稍多,改变的方式也可以比小班稍复杂。

大班歌词创编活动中的注意事项:

①在材料选择和学习要求上都可以比中班稍难,但仍应谨慎地保持尺度。

②教师在新授歌曲时应该尽量教得扎实,以使后面的学习和创编能够在比较完善的审美情境中进行。

③在有基础的班级可以考虑逐步加快编唱的速度和提高编唱的独立性要求,以便对能力逐步增长起来的儿童产生更有力的挑战。

④在有合作基础的班级还可以逐步增加合作性的创编活动,以锻炼儿童的合作能力。如采用中班难度的歌曲,但在学习反应上则要求教师在弹歌曲的前奏时允许小组讨论、协商,前奏结束时整个小组全体成员必须整齐地一起唱出新编出的歌词等。

在大、中、小班的歌词创编活动中,共同需要注意的一般问题是:

第一,教师一般只向儿童提供一段歌词。

第二,教师应针对自己班上儿童的具体情况提出创编要求和程序设计。在没有基础的班级中,即使是大班儿童,教师也应适当降低要求,遵循由慢渐快、由简单到复杂、由协作到独立的编唱原则。

第三,与创编有关的知识经验、技能准备情况应以儿童自身的实际基础为着眼点。如果确实需要,教师也可以在科学、语言或其他有关教育活动过程中顺带进行一些必要的知识经验和语言组织技能方面的准备,以使儿童在进行歌词创编活动时能够体验到更多创造的快乐和享受音乐的快乐。

第四,有时,儿童创编的歌词与原歌曲所含词汇相比,会出现"过多"或"过少"的现象,对此,教师要灵活地加以处理,对于年龄较小的儿童,教师可以帮助其稍作改变,使创编的歌词正好符合原曲的句子结构。如将儿童创编的"我爱我的小花猫"改成"我爱我的小猫"。

对于年龄稍大的儿童,教师则要鼓励其独立完成这样的任务,有时在词曲对应关系上也可稍作调整,如将节奏"拉开"或"压缩"后唱出。

第五,教师要特别注意通过歌词创编活动,培养儿童科学的逻辑思维能力。如可以鼓励儿童根据事物的前后逻辑关系、类属关系或因果关系等创编歌词。如"我听见风儿在呼呼吹"是"因","我听见树叶在沙沙响"便是"果"。

第六，教师应十分注意努力提高创编活动的参与"密度"，减少等待，减少游离于活动边缘的状态，使绝大部分儿童都有较多的机会动脑、动嘴和做动作，并享受创造和分享创造成果的快乐。

如，在有些含有较多重复句子的歌曲如《胡说歌》中，教师可以安排先由一位儿童编唱第一句，然后其他儿童马上参与进来唱出其他重复的句子。在有些可以采用分工合作的方法演唱的歌曲如《勤快人和懒惰人》中，教师可以先安排儿童三人一组，商量好歌中的勤快人将在什么地方劳动(如在花园里劳动)，然后每人想一件勤快人在这个地方干的事情(如有的浇水，有的锄草，有的在捉害虫)，最后三个合作编和唱。

第七，教师应注意不要将儿童编唱的若干段"新歌词"串联起来唱，以免给儿童造成过重的记忆负担，失去编唱歌曲原本应有的快乐。

第八，教师应注意在一次音乐活动中把握好创编时间片段的长短，确保全体儿童在整个创编的时间段中保持高度的参与积极性。一般来说，整个创编活动应控制在5～8分钟，独立创编的儿童人数应控制在3～5人。对于创编内容本身比较复杂或含有比较复杂的演唱方式的歌曲，往往只需创编1～2种新歌词。总之，教师应在儿童的参与积极性大面积下降之前终止活动或转入新的活动，为活动创造出意犹未尽的感觉。

第九，教师应注意使创编的结果达到相对完美的程度，质量有时应该比数量更为重要。对于创编中产生的比较有独创性和审美性的例子，教师可以稍加评说，并提供机会让儿童通过多唱几次来实际感受这些优秀范例的独特好处，借以不断提高儿童自身对独创性和审美性的独立判断能力。

(二)创编歌表演动作

1.一般教学步骤

创编歌表演动作的活动可以根据歌曲内容、节奏、儿童兴趣以及教师的教学需要，安排在教学系列层次活动的任何一个程序中。

2.一般注意事项

在大、中、小班的动作创编活动中，共同需要注意的问题是：

第一，即兴创编活动与引导创编活动应该区别对待。即兴创编的活动特点是：儿童在前，以儿童的意见为主，教师根据儿童的创造结果，提供发展完善的机会或建设性的参考意见。如歌曲《小狗抬轿》。引导创编的活动特点是：教师在前，以教师潜在的动作设计为主导性的意见，在儿童提出创编意见后，教师再根据儿童的意见重新组织自己的原有设计。如歌曲《两只小象》。

第二，结构性动作、情节性动作、情感性动作应该区别对待。结构性动作创编强调的是通过创编，理解和展现音乐特定的结构。如段落、句子歌词内容的重复变化(相同的歌词内容做相同的动作）、前奏、间奏、尾奏等，一般不要求根据歌词内容逐句创编动作，且要避免过分琐碎的动作。如《郊游》为 ABA 结构的歌曲，全曲分三段，第一段和第三段的旋律及歌词均一样。对于这样的歌曲，仅需创编两个动作——活泼欢快的动作和抒情优美的动作，A 段做活泼欢快的动作，B 段做抒情优美的动作。（参见新歌导入与新授歌曲的模式中的突出结构的动作导入模式。）

情节性动作创编强调的是：通过创编，理解和展现歌词内容中的人物和故事情节，一般要求根据歌词内容创编歌词。如歌曲《两只小象》。

情感性动作创编强调的是：通过创编，理解、展现歌曲的主要情绪、情感氛围。如歌曲《小海军》，首先确定一个主题动作，如"踏步走"，随后在主题动作的基础上，创编各种坚定有力、勇敢、神气的手部动作，如边踏步边敬礼、边踏步边扛枪等。

第三，在引导创编的活动中，创编的数量以"够用"为限度。即如果只需要一个动作，在比较合适的动作出现后，该种动作创编就可以告一段落了。因为无限制地创编多余的新动作，容易造成兴趣的减退和注意力涣散。如歌曲《下雨了》中"大雨"和"小雨"的动作。

第四，在即兴创编的活动中，教师应主要以"反馈"和相互展示、交流、学习的方式来丰富儿童的创编思路。教师的"反馈"，是指教师用语言或动作将儿童的创造再现给儿童。因为儿童年龄小，许多创作都是在不完全自觉的情况下自然"流露"出来的，而且往往做完了，也就忘记了。所以，在这种情况下，教师就十分有必要帮助儿童记录，并把儿童的成果"放大"后，再展现给全体儿童，以便能够产生更大的教育效果。同样，教师组织儿童相互展示、交流、学习也是为了能够更好地利用儿童资源，教育儿童，扩大教育的效果。

第五，一般情况下，教师在进行引导创编之前都要自己先创编好一个"样本"，这个样本体现了教师希望儿童通过创编将要掌握的有关知识和技能。但是，在实际的创编教学中，教师一般并不直接提供自己的样本，也会限制教师从儿童那里获得启发。教师应该能够灵活地通过提问和提供思考线索、提供改善建议等方式来丰富儿童的创编思路，同时，也应该能够灵活地通过吸收儿童的意见来丰富自己的创编思路。如歌曲《小小蛋儿把门开》。

第六，知识准备、数量限制、独创性、审美性要求等与"创编新歌词"相同。

（三）处理歌曲的演唱表情和演唱形式

处理歌曲的演唱表情和演唱形式的活动一般都不会作为独立的新授活动来安排。在处理歌曲的演唱表情和演唱形式的活动中一般应注意：

第一，教师应先提供有关演唱表情和演唱形式的处理榜样，然后引导儿童进行"榜样经验迁移"。目的是帮助儿童积累这方面的经验。如歌曲《大公鸡》。教师首先提供演唱形式的处理榜样："现在我来唱歌曲的前半句，你们来唱歌曲的后半句。"待儿童熟练后，再鼓励儿童大胆想出与教师不一样的演唱形式。如个别儿童唱前半句，全体儿童唱后半句；儿童唱前半句，教师唱后半句；一组唱一句等。

第二，教师应注意尽量对儿童的各种独特处理做出积极的建设性的反应。即教师应首先肯定儿童的独特处理,尽力帮助儿童寻找该种处理的合理理由,不轻易否定儿童的意见。即使认为儿童的意见确实有不太合理之处,也应该尽力选择建设性的表述方式。

第三,数量限制、独创性、审美性要求等与"创编新歌词"相同。

四、合作性歌唱教学及教学技术

合作性的歌唱活动能够为儿童提供发展合作态度以及合作能力的机会。因此,作为教师,应该努力研究在幼儿园开展各种合作性歌唱教学活动的可能性,以便在拓展儿童歌唱的艺术表演形式的同时,为儿童提供更多更好的、享受愉快交流合作的、提高交流合作水平的歌唱实践机会。

(一)单声部合作演唱

单声部合作演唱的形式主要有三种:接唱、对唱、领唱齐唱。

注意事项:

第一,注意给予独立性、自信心和演唱技能有困难的儿童锻炼的机会,通过适度的支持和帮助,使他们逐步过渡到能够独立、自信和较完美地独自歌唱。

如在领唱齐唱歌曲《我有一双万能的手》时,教师要避免总是请能力较强的儿童担任领唱者的角色,要注意多给能力较弱的儿童机会,并注意为其提供具体的帮助:"需要我来帮助吗?""你希望我怎样帮助你呢?""你可以请一个小朋友和你一起领唱。"等等,待演唱结束后,教师要鼓动全体儿童给予其热情的掌声。

第二,注意安排合适的、有利于人际交流的空间状态,并注意指导儿童逐步领会这类交流性歌曲及演唱方式的独特的人际交流乐趣,使儿童逐步学会在演唱中比较完美地使用体态、目光和歌声进行情感交流和心灵沟通。

歌曲《拍手唱歌笑呵呵》中,应该将轮流演唱的双方安排成可以面对面进行目光交流的空间状态(如将儿童的座位安排成双马蹄形队形,邻座的儿童两两结伴,各自看着对方的眼睛,轮流演唱"你的眼睛里有呀有个我"和"我的眼睛里有呀有个你"两句),体验"眼睛看着眼睛"的快乐,并且注意引导儿童学习使用体态、表情、目光和歌声与同伴进行交流,教师还应特别注意要带头表现出很享受的样子,从而推动"有交流障碍"的儿童体验与他人结伴演唱的快乐。

(二)多声部合作演唱

多声部合作演唱的形式主要有六种:轮唱、同声式合唱、填充式合唱、音型伴奏式合唱、双独立旋律合唱、多声部朗诵或多声部的歌唱加朗诵。

1.轮唱

注意事项:

第一,可以使用视觉材料帮助儿童理解和把握两声部间的相互配合关系。

第二,注意使用"公平支持"的带唱方式带唱。

教师在带唱双声部歌曲时,要避免只带唱一个声部而放弃另一声部的做法。应采用"公平支持"即"交错带唱"的方法带唱。同时,教师在带唱时,要注意将脸部和目光指向正在支持的声部,并注意使用夸张的口型和表情向儿童提供暗示。

2.同声式合唱

两个声部演唱相同的曲调,主要声部唱原歌词,配合声部演唱衬词。

3.填充式合唱

第一声部演唱原歌曲,第二声部在第一声部休止或延长音处唱填充的歌曲材料。

4.音型伴奏式合唱

第一声部演唱原歌词,第二声部演唱一个类似"固定音型"的歌曲材料。

(三)合作性歌曲演唱

第一,合作性歌曲演唱强调的是一种整体的歌声协调。因此,在进行合作性歌曲演唱的过程中,教师要注意指导儿童学会协调各声部之间的关系,使各声部形成相互配合、相互支持的关系而不是相互竞争、相互干扰。因此,在演唱过程中,教师要避免说"我听到ⅩⅩⅩ小朋友的声音了!"这样的话,极容易使儿童大声喊叫,将自己的歌声突出于集体之外。合作性歌曲演唱中必须遵循的一个朴素的原则是:听到他人的歌声(自己的声部和其他的声部),听到大家的歌声,而不是只听见自己的歌声。

第二,教师要注意引导或指导不同年龄的儿童在合作性歌唱活动中学会分工和组织。对年龄较小且缺乏相应经验的儿童,教师可以采用更为细致和更具有暗示性的提问来进行引导或指导。

第三,教师要注意人际与空间的协调。一般地,教师可将容易走音的儿童或容易干扰别人的儿童有意安排在音准较好或不容易受人干扰的儿童旁边,或将有上述问题的儿童安排在靠近教师的地方,以便能够帮助有问题的儿童和避免有问题的儿童对集体歌唱的负面影响。此外,教师要根据不同的合作演唱方式选择合适的空间状态。如在轮流接唱的歌曲中,一般可安排一起唱的儿童坐或站在一起;在对唱或需要配合呼应演唱的歌曲中,一般需要将呼应双方安排成可以面对面进行目光交流的空间状态;在轮唱或合唱的歌曲中,一般应该将同一声部的儿童安排在同一空间中,且声部间的空间界限应分明,不易混淆。

五、游戏性歌唱教学与教学技术

所谓的游戏性歌唱,通俗地讲就是幼儿在歌唱中觉得有趣,好玩。常见的游戏性歌唱教学活动模式有三类。

(一)从开始处进入游戏

有些歌曲可以在教学活动的一开始,在与同伴反复玩耍的过程中自然而然地学会。如歌曲《丢手绢》。几乎每个人都在孩提时代,在参与玩"丢手绢"游戏的过程中学会了《丢手绢》的歌曲。正因为这种学习方法和学习过程显得如此的自然和有趣,因而目前许多教师已开始注意开发适合用此类模式进行游戏的歌曲。这种方法一般是,教师边唱歌,边带领大家做简单的游戏动作。歌曲唱完后,按照游戏规则,某些儿童需要被"罚"做一些特别的事情。如在"丢手绢"游戏中,丢手绢的人如果被追者追上,就要站在圈内为大家表演节目,如果没有被追上,则追人者就要表演节目。

另一游戏性歌曲活动《谁是小熊》的设计就是借鉴了上述边玩边顺带学习新歌的模式。活动方法是:将椅子围成圆形,椅子数量应比儿童人数少一个,儿童围着椅子站成圆形,边唱歌边绕椅子转圈,在听到∣ⅰ0∣这一小节的"ⅰ"时,立即找一张椅子坐下。这时,教师问:"小熊是谁呀?"坐下的儿童用手指着未坐下的儿童回答:"小熊就是他!"随后,没有坐下的儿童搬走一张椅子,并坐在一边。游戏重新开始,直至剩下最后一个儿童。

（二）从中间处插入游戏

与"从开始处进入游戏"的模式不同的是,此处的游戏是从中间插进来的。如新授歌曲活动《小老鼠打电话》的具体程序:

第一,学习按节奏说打电话的内容。鼠:"喂喂,你好呀,请你快到我的家。"猫:"好好,知道啦,马上就到你的家。"

第二,教师范唱歌曲的前四句。

第三,插入游戏。教师带领儿童反复唱第四乐句,同时教师按照歌曲节奏"点"儿童,"点"到谁,谁就扮演猫,待所有的儿童都变成"猫"后,便和"老鼠"（教师扮演）打电话,最后"猫"一起来拜访"老鼠"。最后教师再独唱"朋友怎么会是它？原来号码打错了"一句。

第四,教师完整演唱并带领儿童完整表演和游戏,教师只强调儿童努力唱清楚拨电话号码的乐句,其他乐句任由儿童自由模唱。（重复次数根据具体情况而定）

（三）在结束处插入游戏

在结束处插入游戏,一般是指先学会演唱歌曲,最后再进行游戏。如歌曲《三只老虎在吵架》,在儿童学会歌唱后,最后安排游戏情节:教师假装妈妈追逐着打由儿童扮演的"老虎"的屁股,"老虎"假装哭,并说"打得不疼",最后"老虎"调皮地大笑,从而把活动推向高潮。

从以上三种游戏性歌唱教学的模式来看,教师在教学活动中并不是仅仅以学会歌唱和提高声乐技巧为主要目的,也不是主要以倾听、模仿、练习为教学手段,而是将各种游戏快乐的因素添加到歌曲设计中来,同时努力挖掘歌曲本身的游戏因素。儿童在玩中唱,在唱中玩,一方面减轻了枯燥学习的负担,使得歌曲的学习在游戏中自然进行,另一方面也使歌曲学习更显趣味性,儿童也可以获得更多的快乐。

第六章　学前教育音乐教学实践——韵律

第一节　发展幼儿身体的艺术表现力

幼儿园韵律活动泛指所有伴随音乐进行的身体艺术表现活动。这种活动又可分为创造性律动和集体舞蹈两种类型。具体发展标准主要体现在:身体各部分之间以及身体与头脑之间能够保持基本的协调性;身体运动时能够与音乐保持基本的协调性;身体运动时能够与他人保持基本的协调性;身体运动时能够与周边环境中的物体以及空间保持基本的协调性。

一、发展动作的协调性

与此有关的方法主要有以下五种:创造轻松自由的学习氛围,选择安排循序渐进的动作学习序列,从较慢的速度开始并采用幼儿最舒适的进度逐步加快速度,从幼儿的自然动作开始过渡,不适宜分解学习的动作可以采用"拖"的方法。

（一）创造轻松自由的学习氛围

如果注意观察幼儿在集体学习情境中学习动作的过程,就会发现,一些本来在日常生活中已经掌握自如的动作,一经教师要求,反而变得不自然了。如:幼儿平时走路是从不会同手同脚的,但在幼儿园集体教育情境中,同手同脚的情况却是见怪不怪了。其主要的原因就是心理紧张。心理紧张是造成幼儿动作协调性难以进步的第一个主要原因,因此,教师应该特别注意创造轻松自由的学习气氛,越是对年龄小的幼儿,要求应该越宽松。另外,对于性格方面胆小、退缩,在意教师评价,"要好"意愿强烈,甚至全面紧张的幼儿,教师更应该努力帮助他们放松。

（二）选择安排循序渐进的动作学习序列

教师选择安排的动作学习序列不够合理,是造成幼儿动作协调性难以进步的第二个主要原因。如:从幼儿控制重心能力发展的规律看,幼儿在走的时候基本上没有身体腾空过程,幼儿学跑的初期身体也几乎是没有腾空过程的,直到跑步发展的中后期,腾空的过程才逐步明显起来。因此,教师应注意每个新授动作技能的原有基础,如:小班幼儿做小跑步时应该允许膝盖自然弯曲,允许没有腾空过程等。

（三）从较慢的速度开始,采用幼儿最舒适的速度逐步加快速度

教师安排的动作速度不适宜,是造成幼儿动作难以协调的第三个主要原因。有研究显

示,过快或过慢的速度都会造成幼儿动作的紧张和不协调。每个人都会有自己最适宜开始的速度,所以,"聪明"的对策是:第一,让每个幼儿有机会自由地按照自己的速度做动作;第二,教师给个别幼儿伴唱或伴奏时,应先用眼睛观察、判定幼儿的最适宜速度,然后随着幼儿适应速度变化能力的改变,教师再酌情逐步加快或减慢做动作的速度。

(四)从幼儿的自然动作开始过渡

所有的舞蹈动作都是以某种自然动作为基础的,只不过舞蹈动作在艺术程式化的过程中逐步变得让一般人认不出其本来面目了。但是教师在教学前必须尽力辨认并还原其本来最朴实的面貌,因为这些动作的本来面貌是人的自然生活动作。人在做自然的生活动作时一般是会自然协调的,教师在自然生活动作的基础上,逐步引导幼儿经历这些动作艺术化、程式化的过程,幼儿就能够更容易地掌握这些舞蹈动作。

(五)不适宜分解学习的动作可以采用"拖"的方法

一般教师都知道,在动作教学中可以使用"分解"的方法,把比较复杂的动作分解成相对简单的几个组成部分分别教授,最后再把熟练了的几个部分联合成原先的整体进行练习。但有许多动作不能进行分解,如跑跳步、跑马步等,在自然的游戏或表演活动中,这些不适宜分解的动作往往根本不需要刻意教授。幼儿自然地跟着教师、同伴或大一点的幼儿"拖",尽管每个幼儿掌握的速度各不相同,但都能够逐步掌握。

二、发展动作的随乐性

与此有关的方法主要有五种:让幼儿有机会自己边唱边做,教师伴唱或伴奏幼儿的动作,让幼儿多跟随比较熟悉的音乐做动作,引导幼儿注意动作与音乐相协调,所选动作组合应为简单多重复且有整体美感的。

(一)让幼儿有机会自己边唱边做动作

边唱边做的方法,有助于幼儿熟悉音乐及音乐与动作的关系,形成音乐与动作联合反应的定式,增强幼儿自主把握音乐和动作的积极性,最终发展幼儿动作的随乐性。所以,教师应注意提供机会,鼓励幼儿自己边唱边做动作。

(二)教师自己哼唱或弹奏曲调伴和幼儿的动作过程

较小年龄的幼儿,不是特别在意要使自己的动作与听到的音乐相一致。如果他所做的动作刚好与他所听到的音乐相一致时,这两方面相互协调所产生的舒适感会逐步引起他的注意,随着这种经验的逐步积累,幼儿慢慢会感到自己有了一种要主动追求获得这种经验的意识,随着这种意识的逐步增强,幼儿主动与音乐相一致的意识和能力就会逐步发展起来。

(三)让幼儿有较多机会跟随比较熟悉的音乐做动作

教师让幼儿有较多机会跟随比较熟悉的音乐做动作,会减轻幼儿探索不熟悉的音乐的负担,进而提高幼儿动作的随乐性水平。特别是幼儿所做的动作本身是他们不熟悉的,跟随比较熟悉的音乐便显得更加重要。当然,比较熟悉既可指音乐的某一要素是幼儿较熟悉的,也可指某一曲调是幼儿较熟悉的。

（四）教师要引导幼儿注意动作与音乐的情绪、风格、结构相协调

教师除了引导幼儿注意动作的节奏与音乐相协调以外,还应该引导幼儿注意使动作与音乐的情绪、风格、结构相协调。这种努力使动作与音乐相一致的追求,不但能够提高幼儿动作的随乐性水平,而且也同时可以有效地提高幼儿感受音乐、理解音乐的水平。

（五）动作组合应该是简单多重复且有整体美感的

一般来讲,幼儿适应复杂性的能力是有一定限度的。要提高幼儿动作的随乐性,动作和音乐两方面的复杂性都应该是适中的,就动作这方面来讲,动作组合总体上应该是简单多重复的,既有整体美感,又便于幼儿记忆和表现。

三、发展动作的表现性

与此有关的方法主要有三种:让幼儿有机会观察更多由幼儿和教师提供的动作表现范例;让幼儿有机会在同伴和教师的态度和行动鼓励下,观察和用动作模仿各种真实的、运动着的事物;让幼儿有机会在美术、文学作品的激发下进行动作表现。

（一）让幼儿有机会观察更多由幼儿和教师提供的动作表现范例

教师可以通过以下方式向幼儿提供积累动作表现的机会。

第一,在本班活动中由教师直接向幼儿提供。

第二,在本班活动中由幼儿相互提供。

第三,在各种相关活动中,组织指导幼儿观摩本园其他班级或园外儿童的现场表演。

第四,通过播放录像、观看电影等活动,组织指导幼儿观摩儿童或成人的表演。

（二）让幼儿有机会在同伴和教师的态度和行动鼓励下,观察和用动作模仿各种真实的、运动着的事物

教师可以通过以下方式向幼儿提供观察和用动作模仿的机会。

第一,在本班环境中引导幼儿进行观察和表现,如:自然角中的动、植物,娃娃家中的家具、家用电器,玩具以及教、学具形态,家长、教师、幼儿做事时的姿态及运动方式等。

第二,在散步、参观、郊游等活动中引导幼儿进行观察和表现,如:树木、花草、房屋、桥梁,动物园里的动物,马路上的交通工具,人们活动的各种姿态和方式等。

第三,通过播放录像、观看电影等活动向幼儿补充提供他们在周围环境不容易看到的和看不到的事物和景象。

（三）让幼儿有机会在美术、文学作品的激发下进行动作表现

教师可以通过以下方式向幼儿提供动作表现的机会。

第一,在美术创作或欣赏活动中,鼓励幼儿用动作感知和表现作品的情感、内容,以及构

成有关视觉形象的线条、形状、运动状态等。

第二，在文学欣赏、复述及仿编、创编活动中，鼓励幼儿用动作感知和表现其中的人物事物及他们的内心情感和外显活动等。

第二节 韵律活动教学的内容、动作和材料

一、韵律活动教学的内容

幼儿园韵律活动的主要教学内容有：韵律动作及其组合，韵律活动的类型及其表演形式，韵律活动的知识技能和韵律活动常规等。

（一）韵律动作及其组合

1.韵律动作

幼儿园音乐教学活动中采用的韵律动作一般可分为：基本动作、模仿动作和舞蹈动作。

基本动作是指幼儿在反射动作基础上发展起来的生活动作，如：走、跑、跳、摇头、点头、弯腰、屈膝、击掌、招手、抓握等。

模仿动作是指幼儿在表现特定事物的外在形态和运动状态时所用的身体动作，如：鸟飞、鱼游、刮风、下雨、花开、树长等。此外，还有幼儿模仿日常活动的动作，如：洗脸、刷牙、拍球、打气等。模仿成人活动的动作，如：锄地、撒种、骑马、打枪、织网、采茶、开飞机、开火车等。

以上这两种动作是3～5岁幼儿韵律活动的主要学习内容。舞蹈动作是指经过多年的演化和进步，已经程式化了的艺术表演动作。这类动作多数比较适合5～6岁的幼儿学习。幼儿园各年龄班幼儿学习的舞蹈动作主要是一些基本舞步，如：3～4岁学习小碎步、小跑步，4～5岁学习蹦跳步、垫步、踵趾小跑步、侧点步，5～6岁学习进退步、溜冰步、交替步、跑跳步、跑马步、秧歌十字步等。

在幼儿阶段，臂和手的舞蹈动作很少进行专门的学习。常见的臂的动作是摆动和画圈，常见的臂的姿态是平举、上举、下垂和屈肘。幼儿园通常在中班学习"手腕转动"（翻手腕花），在大班学习"提压腕"。

2.韵律动作组合

韵律动作组合指按一首完整音乐的结构组织起来的一组韵律动作。

幼儿园音乐教育活动中采用的韵律动作组合一般分为：身体节奏动作组合、律动模仿动作组合、表演舞、集体舞、自娱舞等。

（1）身体节奏动作组合

这是一种近年来从国外介绍进来的韵律活动。组合中的动作均为简单的击打、顿踏动作，而且这些动作通常都是能够发出声音的。如：击掌、拍击身体的某个部位、捻指、用不同

的方法踏脚等。这种组合一般没有什么象征性的含义,但比较注意动作和音色变化的组织结构。

（2）律动模仿动作组合

律动模仿动作组合中的动作多为模仿动作。这种组合一般也注意动作的组织结构,但更注意模仿对象的表现。如:种子睡觉、种子发芽、幼芽长成大树、大树开花结果;小姑娘起床梳洗,小姑娘去果园劳动等。

（3）表演舞

表演舞组合中的动作以舞蹈动作为主。这种组合比较讲究动作的组织结构,其中有的含有一定的简单情节,有的仅表现一种情绪。

（4）集体舞（含邀请舞）

集体舞组合中的动作以舞蹈动作为主。这种组合比较讲究动作的组织结构,但更重要的特点是队形在空间中的变化和舞伴之间的配合、交流。在这种组合中,简单、少量的同一动作反复进行是比较常见的结构手法。

（5）自娱舞

自娱舞组合在结构类型和结构方式上都比较自由。可以一个人跳,也可以几个人一起跳。舞伴之间的交流配合方式也十分自由和即兴。

以上各种组合及舞蹈,除"表演舞"较适宜大班幼儿学习外,其余各种组合及舞蹈,各年龄班幼儿都可学习。

（二）韵律活动的类型和表演形式

1.韵律活动类型

第一,律动的动作主要来自幼儿自身的两个方面:一是幼儿在反射动作基础上发展起来的一般动作,如拍手、点头等;二是幼儿因模仿周围事物的外形或运动状态而创造出来的动作,如小蚂蚁搬东西等。

第二,舞蹈的动作主要来自幼儿的模仿学习:一是在幼儿园中向教师或其他幼儿习得;二是从社区文化活动的现场或从大众传播中习得。这些动作都是人类身体艺术造型实践的结晶,即使幼儿在习得这些动作的过程中,有许多自己的"篡改"或"发展",但其"根基"还是通过模仿获得的。这就是舞蹈与律动的最大不同之处。需要注意的是,随着幼儿的日益成长,这两者的界限也将日益模糊。所以,通常所说的律动,是将指更加简单、更加原始的幼儿所从事的身体艺术造型活动。而舞蹈在幼儿园中,又可以再划分出:自娱舞蹈、集体舞蹈和表演舞蹈等种类。其中,自娱舞蹈的教育重点在于自娱自乐,集体舞蹈的教育重点在于适应空间变化和人际交流合作,表演舞蹈的教育重点在于发展表现欲望和表现能力。

第三,歌表演在幼儿园中特指伴随歌唱进行的身体表现活动。本来,歌唱与动作表演是一体、不可分割的。但教师为了更好地把握教学的重、难点,也可以这样表述:从歌唱教学的角度说,重点在"动作伴随歌唱",从韵律活动教学的角度说,重点在"歌唱伴随动作"。

第四,动作表演游戏也是一种人类早期以及幼儿早期未经分化的活动。这种活动一方面兼有运动身体、表演娱乐他人和游戏娱乐自己的性质;另一方面又兼有学习音乐、学习运动和学习游戏的性质。

2.韵律活动表演形式

第一,独舞是指一个人独立地做韵律动作,其中包括独立表演,也包括许多人一起表演,但各自独立活动,相互间不发生交流或配合关系。

第二,双人舞、三人舞在幼儿园主要是指一种小型的结伴舞,这种结伴舞通常是两个人自由结伴,相互配合地做韵律动作,有时也指三个人或三个人以上的小型组合形式。

第三,群舞是指许多人按比较严格的队形和动作规定一起跳舞。在幼儿园中,大部分的表演舞蹈和集体舞蹈都采用这种形式。

第四,领舞群舞是指以单独舞者为主,以集体舞者为辅的一种合作表演方式。其中的主导、辅助关系是规定好的,必须遵照执行。在幼儿园中只有少数的表演舞和集体舞采用这种形式。

(三)韵律活动的简单知识和技能

1.掌握动作的知识和技能

①身体部位运动的方式,如:手臂挥动时的运动路线是直线、曲线还是弧线。

②身体部位运动的方向,如:头部运动时是向上、向下、向前、向后,还是向左、向右。

③重心控制,如:无论静止或移动时,臀部都尽量向里向上收,而不应向下沉或者向后撅。

④参与运动各身体部位的配合,如:脚做"垫步",手做"手腕转动"参与运动的身体部位之间的关系。又如:在做摘苹果和放苹果的动作时,两眼要一直看着手,头部要自然地配合眼睛运动。

2.变化动作的知识和技能

①变化动作的幅度,如:手臂划圈时,可以划大圈,也可以画小圈。

②变化动作的力度,如:走步时可以重重地踏脚,也可以轻轻地踮着脚走。

③变化动作的节奏,如:在做采茶动作时,可以快快地采,也可以慢慢地采,还可以快采几次再慢采几次。

④变化动作的姿态,如:在做踏点步时,动力腿可以点在主力腿的前面、旁边,也可以点在主力腿的后面。再如:在做挤奶动作时,可站成弓步做挤奶动作,也可以蹲着或者跪着做挤奶动作。

3.组织动作的知识和技能

①按情节内容组织。如:小熊饿了慢慢走,小熊吃蜂蜜,吃饱了高兴地跳舞。这种组合方式最容易引起较小年龄幼儿的兴趣,也比较容易为较小年龄幼儿所掌握。

②按身体部位的某种秩序组织。如:自下而上地踏脚、屈膝、扭胯、耸肩、摆头。学习这

种组织方式有利于发展幼儿的秩序感。

③按音乐的重复与变化的规律组织。按音乐的重复与变化的规律组织指音乐相同做相同的动作,音乐不同做不同的动作。学习这种组织方式有利于幼儿感知音乐的结构。

④按对称的原则组织。如:在右边或向右做一个或一组动作之后,再在左边或向左做一个或一组相反的动作。学习这种组织方式有利于发展幼儿的均衡和对称意识。

⑤按主题动作组织。按主题动作组织指在一个韵律动作组合中,某一个特定的动作反复出现或反复变化出现。学习这种组织方式有利于发展幼儿的整体统一意识。

4.使用道具的知识和技能

①合适的道具。这些道具既可增加韵律动作组合的趣味和表现力,又不影响移动和做动作。

②能发展创造性的道具。如一条纱巾,捏在手里是一朵花,披在肩上是蝴蝶的翅膀,垂在脑后是一根辫子,扎在腰里是一条围裙;拿在手里舞动时,一会儿可以是轻风,一会儿可以是白云,一会儿又可以是水波。

(四)韵律活动的常规

由于进行韵律活动时幼儿经常处在运动和兴奋的不稳定状态,往往不容易注意到,需要保持良好的秩序才能使自己获得更大的身心愉悦。所以,幼儿学习韵律活动时也需要学习更多的、有关保持良好秩序的知识和经验。这些知识经验的习得,既能配合养成幼儿的纪律性和责任感,又是韵律活动顺利进行的保证。集体韵律活动的常规一般包括以下内容。

1.活动开始和结束的常规

①听音乐的信号起立和坐下。

②听音乐的信号开始活动和结束活动。

③在没有特殊要求的情况下,活动后自己找空位子就座。

④活动结束时自己收拾道具和整理场地。

2.活动进行的常规

①在规定的范围内活动。

②在没有队形要求的情况下,找比较空的地方活动。

③在自由移动的情况下,不与他人或场内的障碍物(道具、桌椅等)相撞。

④在自由结伴的活动中,迅速、安静地在规定时间内寻找、选择和交换舞伴,分组和分配角色。

⑤在自由结伴的活动中,热情而有节制地与舞伴交流、合作。

二、韵律活动动作和材料的选择

在进行韵律活动的教学时,教师要注意对动作、音乐和道具等材料的选择。下面分别从动作、音乐和道具三个方面详细论述。

（一）动作

在为幼儿选择动作时，主要考虑幼儿的兴趣和能力。因此，动作的类别和难度应是选择动作的两个基本出发点。

1. 动作的类别

幼儿学习的主要韵律动作分为三类：基本动作、模仿动作和舞蹈动作。

3～4 岁幼儿最感兴趣的是模仿动作，他们关心的不是动作本身，而是动作所表现的熟悉的事物。所以，在为 4 岁以前的幼儿选择韵律动作时，应以模仿动作为主，如：生活动作、劳动动作以及模仿各种动植物、交通工具、自然现象等的动作。

3～4 岁幼儿对跟随音乐做自己所熟悉的基本动作也很有兴趣。因为跟随音乐做这些熟悉的动作，既轻松又有节奏感，与在生活中做这些动作有许多不同。所以，在为 4 岁以前幼儿选择韵律动作时，也可较多地选择基本动作，如走步、拍手、点头、摸脸蛋、拉耳朵、用手指点等。

另外，有些基本舞步，如小碎步、小跑步等，如果能够结合幼儿所熟悉的事物，作为模仿动作的语汇提供给幼儿，他们也是很乐于接受的。

4～6 岁幼儿仍然对模仿动作抱有浓厚的兴趣。因此，在为他们选择韵律动作时，仍应多选模仿动作。

但是，随着幼儿年龄的增长，韵律活动经验的增加，中班以后，许多幼儿特别是女孩子开始对动作的形式美产生兴趣。因此，在为中班、大班幼儿选择韵律动作时，可以逐步增加舞蹈基本动作的内容，以满足他们发展的需要。

2. 动作的难度

幼儿的动作发展主要有三条规律：从大的整体动作到小的精细动作；从单纯动作到复合动作；从不移动动作到移动动作。

3～4 岁幼儿最容易接受的是不移动的单纯上肢大肌肉动作。随后，幼儿可以逐步学会单纯的下肢动作。最后，在上述基础上幼儿才能逐步学会做简单的上、下肢联合移动动作。

另外 3～4 岁幼儿一般比较容易接受连续重复的动作，动作变换一般应在段落之间进行，偶尔也可以在乐句之间进行。

4～6 岁幼儿可以较多地学习移动动作。其中可包括含有腾空过程的跑、跳动作和复合动作；也可以学习手腕、手指、脚腕、眼睛、肩膀、膝盖等部位比较精细的动作。随着幼儿记忆和反应能力的提高，动作变换可以较多地在乐句之间进行，甚至偶尔也可以在乐句之内进行。

总的来讲，幼儿动作能力的发展是有限的，应尽量先从单纯的、不移动的、大肌肉的分解动作入手。如在学习侧点步手腕转动时，应在分别学会侧点步和手腕转动以后，再进行复合动作的学习。

需要指出的是：当幼儿结伴做动作时，由于需要注意到相互间的配合，同一种动作的难度便相应提高了。因此,在为各年龄班幼儿选择结伴律动时,应考虑幼儿是否已经有了相应的单独做动作的基础动作反应的能力。如在做"扶老公公走路"的动作时,要有学"老公公走路"的基础。

(二)音乐

为幼儿选择的韵律活动的音乐,应具有以下特点。

1.节奏清晰、结构工整

人的生命运动本身就是有规则、有秩序、有节奏的运动。

因此,节奏清晰、结构工整的音乐,更能够激发幼儿进行韵律活动的欲望,也更容易让他们用动作来表现。

2.旋律优美、形象鲜明

除少数特殊需要的动作以外,韵律活动的音乐应该是优美动听的。优美动听的音乐容易引起幼儿的好感,激发他们参加韵律活动的欲望。同时,形象鲜明也是音乐能够吸引幼儿的重要条件之一,特别对于模仿动作和表现情节、情绪的舞蹈来说,音乐形象鲜明更为重要。

在选择韵律活动的音乐时,还应该注意多选不同节奏、不同性质、不同风格的音乐,以扩大音乐眼界,提高他们对音乐作出动作反应的能力。如:可以为同一种动作选用不同的音乐,以锻炼幼儿的迁移能力;也可以为不同的动作选用同一曲音乐,使用时可根据具体要求改变音乐的某一种或几种要素,如节奏、音区、速度、力度等,以锻炼幼儿的应变能力。

最后需要强调的是:在实际的韵律活动中,要注意音乐的速度。在为3岁左右的幼儿伴奏时,可先用音乐去跟随幼儿的动作;在幼儿逐步学会用动作跟随音乐以后,宜先选用中等的速度,有研究认为每分钟120～130拍的速度较为适宜;当幼儿控制自己动作的能力逐步增强后,才可采用稍快或者稍慢的速度,突然变化或逐渐变化的速度。

(三)道具

在幼儿园的韵律活动中,大部分情况下并不使用道具,如果需要使用道具时,所选道具应具有以下特点:

第一,能增加活动的趣味性,扩大动作的表现力,但又不会妨碍幼儿做动作或移动,不会使幼儿因过度兴奋而游离于活动之外,又不存在潜在的人身伤害的危险。因此,所选的道具除新颖有趣以外,还应容易取放、抓握,如:不宜过大、过重,使用技巧不要过于复杂。

第二,能增强幼儿的美感,引发和丰富幼儿的想象、联想。因此,所选道具不宜粗制滥造,也不宜过于讲究逼真。仅向幼儿提供某种线索,让幼儿自己去选择道具;或仅向幼儿提供某种材料,让幼儿自己去制作道具等,对发展幼儿的想象能力和动手能力大有益处。

第三,不宜在经济或教师的精力上做过多的投入,尽量使用周围的物品甚至废旧物品,让幼儿自己决定怎样利用它们来进行舞蹈表演,会有利于幼儿的审美敏感性、环保意识和创新能力的发展。

第三节　韵律活动教学的导入

一、从观察开始的活动设计

该方法主要适用于让幼儿在观察具体事物的外部形象或运动状态后，立即用自己的动作创造性地表现的活动。

小班韵律活动：小鱼游

①教师组织幼儿观察鱼游，可以观察鱼钩、水盆或鱼池里的鱼，也可以观察鱼游的录像片。

②教师播放音乐，鼓励幼儿自由地跟随音乐表现鱼游的样子。

③教师邀请幼儿轮流表演，引导幼儿相互观察、相互学习，教师哼唱音乐或用琴声为幼儿伴奏。

④教师播放音乐，并带领幼儿练习踮着前脚掌既轻又快地移动，并同时用手臂自由地做出模仿鱼游的动作。

二、从回忆开始的活动设计

该方法主要适用于让幼儿在回忆有关具体事物的外部形象或运动状态后，再用自己的动作创造性地表现的活动。

大班韵律活动：堆雪人

①教师请全体幼儿自选空的地方任意做出一种姿势不动，假装自己是一个被堆好的雪人。

②教师播放音乐并同时用语言提示：太阳出来了，晒到了雪人的什么地方，雪人的什么地方开始融化。

③幼儿一组一组轮流表演，相互交流学习，并鼓励表演中的合作（几个姿态不同的雪人并排在一起），教师播放音乐给幼儿的表演伴奏。

④教师播放音乐，再次组织全体幼儿自由结伴表演。

三、从基本动作复习或学习开始的活动设计

该方法主要适用于从复习某个熟悉的动作开始，联系新动作学习的活动，或直接从观察新动作示范开始的新动作学习活动。

大班新歌学习：多幸福

①幼儿复习含"进退步"的舞蹈。

②幼儿听教师范唱新歌《多幸福》，并观看教师伴随歌曲示范"退踏步"。

③幼儿集体讨论两种舞步的异同。

④幼儿随录音音乐或教师的歌声舞蹈。

四、从队形复习或队形新授开始的活动设计

该方法主要适用于从复习某个熟悉的队形开始联系新队形学习的活动，或直接从感知、理解新队形开始的学习活动。

大班舞蹈：葡萄丰收

①教师请幼儿两两自由结伴跟随音乐跳新疆舞：脚的动作必须是"踮步"，手必须做"手腕转动"，臂的姿态可以任意，但结伴的两人必须相互配合。

②教师邀请一半幼儿手拉手站成一个圆圈，然后向后转，面对圈外站好，另一半幼儿各人自选一个舞伴站在他的对面。

③教师请全体幼儿跟随第一段音乐自由跳"踮步翻腕"动作组合。

④教师教外圈幼儿学习如何跟随第二段音乐"穿梭"式地进出内圈，变化队形，直至音乐结束。舞蹈全部教完，教师组织幼儿与新舞伴从内外圈结伴自由跳"踮步翻腕"组合，开始重新跳这个新舞蹈。

五、从舞谱开始的活动设计

该方法的重点是帮助幼儿理解舞蹈符号的作用，因此主要应用于学习使用舞蹈图谱来帮助幼儿进行舞蹈学习的活动，以及通过舞谱来促进舞蹈学习的活动。

大班舞蹈：种太阳

①教师向幼儿提供五种图片，每种图片上都画着一个太阳和一条带有箭头的线条。这些图片分别表示在圆圈上的顺时针转、逆时针转、自转，面向圆心聚拢、面向圆心散开。

②教师请幼儿选择一种图片摆放的顺序。

③教师带领全体幼儿按照图片的结构跳简单的圆圈舞。

④教师组织幼儿重复步骤②和步骤③，尝试用不同的结构来跳舞。

六、从动作创编开始的活动设计

该方法主要应用于发展幼儿的动作创编兴趣和动作创编能力的活动。

大班舞蹈：拥军秧歌

①教师播放舞蹈音乐，让幼儿在音乐声中自由探索如何一边做已经学过的"秧歌十字步"，一边做与他人不同的甩动绸带或纸带的动作。

②教师请幼儿交流并小结幼儿创编中出现的动作变化规律，如动作的姿态、幅度或节奏

变化等。

③教师将幼儿提议的动作组织到音乐中,然后跳给幼儿观赏。

④教师带领幼儿练习。

七、从游戏开始的活动设计

该方法主要适用于动作或队形的教学可以用游戏的方法来进行的活动。

大班舞蹈:花之舞(重点学习双向穿梭的队形)

①教师及全体幼儿每人右手腕戴一个小手圈(可以是扎头发的彩色松紧圈)。听教师口令找朋友握手问候。教师说"花朋友握握手",每人立刻找一个朋友,用戴手圈的手(右手)与朋友握手,并说"你好,你好"。教师说"好朋友握握手",每人立刻找一个朋友,用没有戴手圈的手(左手)与朋友握手,并说"你好,你好"。

②教师组织幼儿分成两组,站成两个圆圈,一圈顺时针方向站,一圈逆时针方向站。继续玩上述游戏,每次每人向前换一个朋友,换一只手。

③教师哼唱舞蹈第二段音乐,将游戏动作组织到舞蹈音乐中去。

④教师教授舞蹈第一段的动作,并将第二段的动作和队形变化组织到舞蹈中去。

八、从故事开始的活动设计

该方法主要适用于情节性比较强的韵律动作组合的学习或创编活动。

大班舞蹈:小卓玛上学

①教师一边向幼儿讲小卓玛上学的"故事"(实际上是简单的舞蹈情节),一边请幼儿用动作来进行创造性的表现。

②教师向幼儿简单介绍藏族的服装和舞蹈动作风格,然后引导幼儿将原先提议的比较生活化的动作改造成更具有藏族舞蹈风格的动作。

③教师哼唱音乐,将新编出的动作组织到音乐中去,并带领幼儿练习。

九、从音乐欣赏开始的活动设计

该方法主要适用于音乐的结构比较复杂,音乐与动作结合的要求比较高的韵律动作组合的学习或创编活动。

大班舞蹈:特快列车波尔卡

①幼儿围成圆圈,教师带领全体幼儿坐在椅子上,倾听音乐并做很简单的身体律动,以此来感受音乐的基本结构和节奏。

②教师在动作中逐步加入暗示未来运动方向的简单动作,如:左手在左前方点动手腕,暗示未来将会向左面顺时针方向移动等。

③在幼儿初步熟悉音乐结构和节奏的基础上,教师开始教授这个圆圈舞蹈。

第四节 创造性律动教学和集体舞教学

一、幼儿园的创造性律动教学

"创造性律动"作为当今幼儿园音乐舞蹈教学研究领域的一个新概念,在我国教育改革的背景下,具有相当重要的意义。其特殊教育价值在于:这种活动为幼儿提供了更多自由地、创造性地伴随音乐进行身体动作表现的机会,弥补了传统韵律活动教学以模仿和重复练习为主的教学模式的不足,实现了现代教育改革理想向可操作的教学行为的转化,使幼儿能够在其中更多地体验到自主探索和创造性地实现自己想法的乐趣。

设计和指导创造性律动教学需要教师具备丰富的律动舞蹈知识,娴熟的创造性思维技巧,了解和信任幼儿在此方面的发展潜能。我们目前的幼儿园教师和准教师(正在接受学前教育专业训练的学生)在这方面的积累是比较有限的。但是,我们可以从以下这些方面汲取专业发展的营养。

第一,达尔克罗兹体态律动教学体系,奥尔夫教学体系等(阅读文献或参与现场培训)。

第二,当代各种专业表演实践活动(观看演出或影像资料)。

第三,社区中群众业余文艺实践活动(观摩或参与活动)。

第三,幼儿在幼儿园的自发表演游戏和教学活动中的创造性表达。

创造性律动的教学可以是"设计的"或"即兴的"。"设计的"指先按照预先设计的思路或方案进行律动表现。"即兴的"指凭直觉进行律动表现,或者一边想一边进行律动表现。创造性律动可以是由教师主导进行的,也可以是在小组活动中由幼儿自己协商进行的,或在自发"领袖"的带领下进行的。以上这些思考的角度不是非此即彼的,而是根据活动内容和班级幼儿的具体情况,由教师或幼儿自主选择决定的。下面我们来看一些范例。

中班、大班动作和声音的即兴:七巧云

①在有风有云的天气,实地观看云彩的变化(也可观看实景影像资料或教师制作的教学课件),为活动积累经验。

②教师模仿或用乐器发出风声,全体幼儿在风声中自由表现云彩形状的变化,教师鼓励幼儿在需要合作时自由组合。教师的声音停止时,所有幼儿必须静止造型(可随意地反复开始和结束)。

③教师请少数幼儿表现"风",继续上面的游戏,并鼓励"风"和"云"的身体互动和情感交流。

④教师将"奏乐"的工作交给幼儿志愿者,继续上面的游戏,并鼓励更多"风"和"云"两两

结伴,进行身体互动和情感交流。

⑤请幼儿讨论并加入能区别"风"和"云"的道具,鼓励奏乐的幼儿选择不同乐器和不同发声方法,引导"风"做出强弱变化以及力度渐变等各种变化,引导"云"跟随"风"的变化而变化。

⑥教师加入钢琴的演奏或录音的伴奏,一个完整片段演奏结束,幼儿才结束表演。

类似的活动也可在小班进行,由于小班幼儿尚不能立刻理解和较好自控,可将表现情境改为"老鹰和小鸡"或"大鸟和小鱼"。当发现幼儿不能够注意声音的停止,做出动作静止反应时,老鹰或大鸟的"出击——捕捉"游戏情境能够有效地引起幼儿的游戏警惕和行为自治。

大班律动:美丽之门

教师讲述故事:在一个城堡里面,有两个好朋友被巫师施了魔法,变成了雕塑。这两个好朋友非常向往自由,希望能像从前一样快乐地生活、游戏。小呼啦圈知道了他们的愿望,就摇身一变,变成了一扇拥有魔力的"美丽之门"。当优美、动听的音乐响起来时,小呼啦圈就会立刻充满魔力,用爱的能量去破解那些魔法。这样,变成雕塑的好朋友就能够复活啦!

①幼儿运用呼啦圈玩套圈的游戏,两人一组。音乐响起时,拥有"美丽之门"的雕塑复活了。但当他将"爱的能量"传递给另一个雕塑时,他就会因失去魔力变成雕塑(不能动)。被"美丽之门"套住的雕塑因获得爱的能量复活后,会把"爱的能量"再返还给自己的朋友。

②幼儿迁移呼啦圈的游戏经验,探索用"肢体"变成各种各样的"美丽之门",继续进行更复杂的相互"套圈"游戏。

二、幼儿园的集体舞教学

"集体舞"在遥远的古代曾经是人类社会非常重要的一种社会交往和社会学习活动。在一定程度上可以说是幼年人类个体的"进入社会之门"。20 世纪 50 年代以来,集体舞也曾经是我国各级各类学校的重要学习内容之一。但是在 20 世纪 60 年代中期以后,集体舞几乎从我国教育机构的教学内容中消失了。20 世纪 80 年代之后至今,仍然没有被恢复,究其原因是没有认识到,除了音乐舞蹈审美教育的价值以外,它还有如下重要教育价值:

①促进幼儿社会交往意识以及能力的发展,促进合作意识、团队意识以及相应能力的发展,体验和大家在一起共同舞蹈、相互依赖、共同生活的快乐。

②促进积极生活态度以及能力的发展,体验快乐舞蹈的权利是属于每一个人的,是来自美好生活,同时也是为了美好生活的。

③认识身在其中的立体空间变化规律和变化的新奇魅力,增进对音乐以及舞蹈动作、队形结构中的数学规律的敏感性。

④通过愉悦的活动锻炼身体,增进身心健康。

大班集体舞:特快列车波尔卡

活动(一)

活动目标:

①欣赏舞蹈音乐,初步了解音乐的结构和即将学习的舞蹈的结构,体验音乐热情欢快的风格特征。

②利用简单的上肢动作表现音乐的情绪,初步了解舞蹈动作的结构和方向变化。

③自由探索各种可以和不同舞伴进行目光交流的方式,享受交流的快乐。

活动准备:

①录音机、音乐磁带。

②椅子排成单圈,数量与幼儿人数相同再加上教师的椅子。椅背向圈外,椅子与椅子之间的距离应保证幼儿的双腿可自由进出与踏动(坐着是为了在第一次接触新作品时保持幼儿情绪稳定,减缓疲劳)。

活动过程:

①了解音乐的名称和内容,对活动产生向往。

②在向教师模仿学习的准备动作中,多数幼儿可能会有感到困难的动作。

③跟随教师一边倾听音乐、体验音乐的情绪,一边学着教师做动作。

活动(二)

活动目标:

①学习集体舞,初步学会用蹉步踏着音乐的拍子移动。进一步体验和表现挺胸抬头,眼睛顺肩膀向前看的动作姿态,以及由此体现的欧洲式的舞蹈风格。

②迁移音乐欣赏活动的经验,注意利用接触过的简单动作来提示新学习的舞蹈动作;注意倾听音乐并尽量利用音乐结构来提示动作结构。

③注意避免在蹉步移动时拉倒舞伴和被舞伴拉倒;两个舞伴对拍右手时应注意探索用力方式和力度,以双方都感到舒适与协调为基本原则;进一步探索和享受与更多舞伴进行的目光交流。

活动准备:

①录音机、音乐磁带。

②椅子排成单圈,数量与幼儿人数相同再加上教师的椅子。椅背向圈外,椅子与椅子之间的距离应保证幼儿的双腿可自由进出与踏动。

活动过程:

①坐在椅子上复习活动(一)中学过的准备性律动。

②将椅子移动到教室的墙边,站成单圈,再次复习活动(一)中学过的准备性律动。

③练习顺时针方向蹉步移动,练习跟随音乐的蹉步移动。在教师的提醒下,尽量注意不拉倒他人,也不被他人拉倒。

④练习连起来跟随音乐做动作,理解准备动作会怎样提示舞蹈动作的结构和方向。

⑤两人结伴,探索击掌和对转方式,了解怎样才能舒适、协调和准确地跟随音乐做动作。

⑥全套动作连起来跟随音乐练习2~3遍。在教师的提示或暗示下,注意倾听音乐,并尽量利用音乐来提示动作的结构。稍熟练后,尽量争取与更多舞伴进行目光交流,享受交流的快乐。注意避免因过分高兴而引发的混乱状态,保持舞蹈的轻松愉快和优美有序。

第七章 学前教育音乐教学实践——表演

第一节 学前儿童创作表演类音乐活动的含义、发展特点及选材

一、创作表演类音乐活动的含义

构建主义理论认为：学前儿童的学习不仅是由外而内的输入，更要强调学习者自身体系自内而外地生长。音乐的创作表演是指学前儿童用自己的方式表达对音乐的感受和理解，这是投入学习的结果，是学前儿童从被动接受到主动学习的过程，教师在这一环节中要了解、倾听和尊重孩子的表达与表现方式。

第一，表演类音乐活动是指音乐的再现与再创作活动。幼儿园表演类音乐活动主要是指对某个音乐作品的再现，一般指儿童根据教师指令做出反馈性的音乐行为。在表演类音乐活动中，学前儿童通过器乐、人声、肢体等把乐曲表现出来。表演类音乐活动的再创作者是教师，教师根据现有的音乐作品，根据具体教学环境和条件，以及自己对音乐作品的理解，对音乐作品进行二度创作，并指导学前儿童表现出来。表演类音乐活动是锻炼学前儿童表现力的基本步骤，让学前儿童在此过程中，学会集体表演或者独立表演的能力。

第二，创作表演类音乐活动是指学前儿童为主导的有意识的音乐的创造，并把创作内容进行表演的行为。学前儿童根据已知的经验和能力，对音乐的表现方式进行自主创造。奥尔夫说："即兴是一种幻想的游戏，应当唤醒和加以训练的首先是想象，没有想象力就不可能有即兴活动。"在此奥尔夫所指的即兴，也就是一种高级的创作表演行为。而儿童的创作表演主要依靠儿童自己的意识和自己的想象力。儿童音乐学习中的创作能力的培养是检验学习质量的关键标准，而这个过程也是循序渐进的。因此在教学活动中，保护和培养孩子的想象力是不可忽视的重要环节。

二、学前儿童创作表演类音乐活动的发展特点

(一)学前儿童音乐表现力发展特点

对音乐进行表现是学前儿童学习音乐的第一步。学前儿童在此阶段可以通过歌唱、乐器演奏和有目的的肢体动作来表现音乐。他们也可以通过一些简单的技能来演奏音乐，完

成适当难度的读谱和排练型表演,并完成适当难度的独奏甚至合奏。

在1岁以前,幼儿的音乐活动需要包含大量的身体引导的互动,如跳跃、挠痒痒、轻拍等。当幼儿1岁之后,他们的注意力就会集中于用物体发出的声响,如会好奇用木槌打击鼓会发出什么声音。因此这个阶段的音乐活动应该注重开发身体动作与人声表演。假如在这一阶段取得成效,那么幼儿在2～2.5岁时会自己自主发出一些声音,并向发出"音乐性"的声音进行发展。因为幼儿在学习音乐时从感知期开始,所以他们需要大量进行肢体及身体动作的接触和互动,而这些都必须与父母一起完成。

因此,父母在0～3岁幼儿音乐学习中扮演着重要角色,可以说幼儿的音乐表现活动是与父母一起完成的。对于1岁以前的孩子,父母可以带着孩子观课,与孩子一起坐在音乐教室内观看音乐课程。2～3岁的孩子可以通过父母引导进行"音乐性"的律动。因此,在0～3岁期间,孩子的音乐学习主要依靠父母,其表现力往往不会在课堂内显示出来,更多的时候在教室外显示。例如,听到某段熟悉的旋律时作出肢体反应,或者可以唱出课堂内使用过的某段音乐等。到了3岁,儿童在此阶段可以听辨出歌唱性的声音和正常说话的声音;可以演唱一些简单的歌曲;也可以通过肢体动作来对音乐作出相应反应。3～4岁的儿童可以辨别说悄悄话和大声喧哗的声音;可以演唱一些简单的歌曲;完成一些歌唱类的游戏。4～5岁的儿童可以分辨成年男性、女性和儿童的声音;可以完全模仿并表演简单旋律性和有明显节奏感的音乐句子;展示基本的表演技能和表演行为。学前儿童在这一阶段可以根据音乐明显的节拍、节奏、律动、旋律走向、情绪反应变化和音乐模式变化进行肢体动作表现。5～6岁的儿童可以用肢体动作表现音乐元素(音乐元素包括旋律、和声、节奏、风格、种类、音乐织体、曲式等),还可以根据音乐明显的节拍、节奏、律动、旋律走向、情绪反应变化和音乐模式变化进行肢体动作表现。

(二)学前儿童音乐创作力发展特点

对音乐的创作力是学前儿童音乐学习的第二步。学前儿童在此阶段可以根据他们所听到的或者可以预见的声音进行创作。他们也可以通过辨认符号或者非符号表示的形式来创作音乐,表现出对他们音乐原本化的理解,也可以通过内心创作完成一些即兴表演。

第一,0～3岁的学前儿童主要投入在初步的音乐经验的学习上,少有音乐创作的表现。

第二,3～4岁学前儿童可以运用肢体动作来表现大声和小声、快和慢、高音和低音、有声和无声,以及有节拍和无节拍。

第三,4～5岁学前儿童可以辨认一些简单的音乐模式,可以运用图标或者自创的符号来表示音乐的节拍。在此阶段,运用图像表示所听到的音乐或者声音是学前儿童的重要表现手段。

第四,5～6岁学前儿童可以为故事或者诗歌即兴创作一些声效,也可以创编简单的歌曲。

三、创作表演类音乐活动的选材

(一)创作表演类歌唱活动的选材

选择学前儿童歌唱活动作品时教师应该从歌词、音域、节奏、旋律、曲式结构上考虑。

第一,在歌曲选择上应该是有趣的,可以激发儿童兴趣的歌词内容可以创编成故事情节,或者具有童话感,帮助学前儿童理解和欣赏音乐的美感。

第二,歌词的文字应该适合学前儿童的经验和语言发展水平。

第三,所选歌曲的音域要适合学前儿童。3 岁前儿童的音域在 D1～G1 之间,4～5 岁儿童的音域在 C1～B1 之间,5～6 岁儿童的音域一般可以包括一个八度:C1～C2。学前儿童演唱最舒适的音区为 D1～A1,以上音域作为选择歌唱类音乐的参考,但要防止机械操作。

第四,选用节奏简单的歌曲。学前儿童适合的歌曲大多是 2/4 拍、4/4 拍等拍点清楚、强弱突出的歌曲,多以二分音符、四分音符、八分音符为主。根据儿童发展阶段和对音乐的学习经验,还可以选择含有少量的附点音、切分音和休止的音乐。

第五,歌曲的旋律走向尽量平稳,音的跨度尽量为三度、四度、五度及八度;五声音阶为主的旋律是主要的选择范围。

第六,歌曲的长度短小,曲式结构清晰、工整、简单、速度中等。

第七,2 岁以前的儿童更喜欢听无伴奏的音乐。

(二)创作表演类舞蹈活动的选材

肢体活动中的音乐要具有审美价值,在旋律和节奏上富有特点。由于肢体活动中以背景音乐作为依托,因此音乐的品质也决定了肢体律动活动的品质。

第一,音乐中可以包括大声和小声、快和慢、高音和低音、有声和无声、有节拍和无节拍等相反的音乐模式,给学前儿童提供肢体动作创作的条件。

第二,教师可以选择学前儿童可以理解的故事,并在说故事时运用舞蹈、戏剧,以及视觉作品与音乐的结合来培养学前儿童的表现能力。

第三,动作选择。自娱性学前儿童舞蹈的动作分为基本动作、模仿动作和舞蹈动作。

第二节 创作表演类音乐活动的意义与途径

一、学前儿童创作表演类音乐活动的现状与问题

(一)0～3 岁学前儿童创作表演类音乐活动的现状与问题

1.0～3 岁学前儿童创作表演类音乐活动在整个儿童音乐教育中是个相当,薄弱的环节这个阶段在实践上是个"断层"

第一,因为普通音乐教育专业化问题的影响,很多人抱有学音乐就是学技巧的思想观念,所以认为 0～3 岁儿童学习唱歌、跳舞、弹琴是不可能的,让孩子吃饱、睡好、不生病就够

了,这无疑促使了"断层"的形成。

第二,就整个音乐教育而言,音乐教育界的舆论导向和探究热点都过分集中到中小学音乐教育领域,而0~3岁儿童音乐教育的探究相对落后。由此我们可以看出,"断层"不但有其产生的历史原因,也有其存在的现实原因。

2.2~3岁学前儿童创作表演类音乐活动在家庭音乐教育这一方而也没有引起足够的更视,从而形成了"盲点"

第一,家庭教育在整个教育体系中是个薄弱环节。小教育观把教育当成从幼儿园、小学、中学到大学的学校教育。人们正是受到传统的小教育观的影响,才忽略了现代的教育实施系统是由学校教育、社会教育和家庭教育共同组成的。

第二,普通音乐教育专业化倾向使得我国音乐教育一直存在重技能技巧而轻感受体验的异化现象。人们普遍认为学音乐就是学习唱歌、跳舞或者学习一门乐器,那么作为大多数非音乐专业出身的父母就不可能在家庭这个生活的场所从事音乐教育这项技术性、专业性很强的工作,并且还认为儿童在0~3岁这个阶段,生活都不能自理,怎么可能教他们学音乐呢?

第三,家庭音乐教育自身概念的模糊加深了解决盲点问题的难度。关于"家庭音乐"这个概念一直有多层界定,有人认为家长自己教孩子学习音乐是家庭音乐教育;有人认为请家庭音乐教师上门辅导孩子学习音乐是家庭音乐教育,这两种概念的科学性与完整性都值得商榷。再看实践"断层"问题,0~3岁的儿童音乐教育观念对于我国大部分家庭来说是个新鲜的提示,即使是在幼教研究领域,从事0~3岁音乐教育理论的专业人员也是非常少的。

第四,对孩子音乐教育的意义,大部分家长仍是采用传统的注重音乐知识和技能教育的方式,极少有家长采取听音乐会的方式对孩子进行音乐教育。家庭音乐教育的实施策略结果表明,虽然绝大多数家长认为实施音乐教育较好的方式是"父母与孩子一起活动",但事实上在家里对孩子进行音乐教育的主要还是母亲,而且大部分家长都是选择"有时"或"偶尔"才主动邀孩子参与音乐活动;在音乐活动中,大多数家长也是"有时"或"偶尔"才注意激发孩子对音乐的兴趣和辅导孩子去表现音乐或利用歌曲中的人物或事件去教育孩子;多数家长采用边听(唱)边表演的方法进行音乐活动,采用分角色扮演和尝试创编不同的歌词和动作的方法运用较少;只有少数的家长选择了具有生活特色的、用边唱边敲打某发音体为歌曲伴奏的方法进行音乐活动。这说明尽管家长能认识到音乐教育的价值,但主动性较差,方法欠丰富。

(二)3~6岁学前儿童创作表演类音乐活动的现状与问题

1.结果轻过程,忽视对教材的分析和学前儿童音乐技巧的关注

音乐渗透于学前儿童的一日生活,对学前儿童的发展起着积极的作用。我们借音乐能动情的特点对学前儿童进行教育,学前儿童喜闻且乐于接受。只是随着教学的开展,我们对

学前儿童音乐教育达标与否的评价标准是看结果,每评价一个活动就看是否达到了制订的目标,而对于孩子在活动过程中所反映出来的一些问题置之不理。例如,学前儿童对音乐作品情感的领会,往往停留在对歌词表面的了解;在发音咬字上,很多孩子是扯着嗓子在吼歌,不会正确的发声歌唱;在音乐欣赏中不能真正地去体会那种意境等,忽视了在音乐活动中的音乐享受、审美感受和表现力。

2. 活动结构模式单一,环节连接不紧密

我们所调查的音乐活动中,绝大多数教师采用的是传统三段式,开头有时复习上一节的内容,有时随便做一个律动或唱歌;中间教孩子新的内容;结尾回顾与复习或讲一讲下次活动的内容。很多教师导入部分甚至和活动的主要内容是不相关的,结尾也没有评价,所以整个活动看起来较分散,重点不突出。音乐活动的知识线索和人文线索没有连续,教师的随机性很强,活动环节只停留在感知体验上,没有进一步深入创造环节和评价与反思环节。

3. 学前儿童的学习主体性不突出

音乐教育活动应该偏重于直觉、想象、灵感、顿悟等感性思维的激发,让学前儿童有机会感受、表现、创造,教师只是在适当的时候进行指导。但是,我们所了解的现状是高标准化的模仿和高控制化的指导。例如,一个小班的音乐活动,在学前儿童初步熟悉歌曲后,教师并没有给学前儿童消化与磨合的时间,而是要求学前儿童马上再现歌曲,而且在音高上要准确、强弱等表情要做到准确,甚至动作也要到位,其实是要求学前儿童完全地模仿教师。当学前儿童做不到时,教师就立即手把手地指导。在这种情况下,教师与孩子成了训练者与被训练者的关系;教师往往把自己对音乐的理解强加到学前儿童身上,"看哪个小朋友唱得最准确"成了评价标准。

4. 歌舞表演活动成为音乐教育活动的主要形式

学前儿童音乐教育的内容包括以下五个相对独立又相联系的领域:歌唱、韵律活动、音乐游戏、打击乐器演奏和音乐欣赏。而调查中我们发现,歌舞表演活动成为音乐教育活动的主要内容。在角区的音乐活动通常是孩子随音乐表演舞蹈、唱歌;教师组织的音乐活动也都是以教一首歌、一个舞蹈或律动为主,至于打击乐活动、音乐游戏与音乐欣赏活动却很少见。音乐欣赏用在音乐活动的开头和结尾,其实只是起到辅助歌舞活动的作用,而并不是真正意义的欣赏。

二、学前儿童创作表演类音乐活动的意义

随着人类物质文明的发展和精神文明的进步,学前儿童早期音乐教育已逐渐进入千家万户。学前儿童早期教育既是一门科学又是一门艺术。早期学前儿童音乐教育作为提高整体国民综合素质的主要内容和手段,它的根本目标是培养全面发展的人。学前儿童时期是大脑的推理能力和空间想象能力开始形成的阶段,在这一阶段,大脑思维模式很容易形成,

并可永久保持。因此,在这一阶段接受音乐训练有助于大脑形成融会贯通的模式,可大大提高推理能力和空间想象能力。

(一)0～3岁学前儿童创作表演类音乐活动的意义

1.能塑造、扩宽学前儿童乐观开朗的性格及听力频率

一首好听的音乐除了能够培养学前儿童乐观开朗的性格外,还能够扩宽学前儿童的听力频率。从相关科学研究中发现,在外语方面听力好的人通常是因为其实际可以听到的语言频率十分广泛,能够接收到各类语言的频率。而全频是音乐频率范围的最显著特点。倘若家长想培养孩子唱歌、跳舞的能力,就必须从小对孩子进行必要的音乐熏陶。

2.音乐能提高学前儿童的注意力

学前儿童的注意力很难做到集中,通常在10分钟左右就会出现疲劳感。但具有亲和力的音乐可以吸引学前儿童的注意力。例如,开展一些实验活动,每天播放儿童经典音乐给学前儿童听,如《小兔子乖乖》《丢手绢》等,经过一段时间后就会惊奇地发现学前儿童的注意力显著提高了。

3.无词歌曲与念谣的重要性

在音乐游戏中存在诸多的无词歌曲与念谣,应让学前儿童聆听各类调性与节拍的无词歌曲、念谣、音高型、节奏型的音乐,创设良好的音乐词汇的语境,其方式就好像是聆听过周围成年人使用大量单词、句子、想法的学前儿童构建语言词汇。所以为学前儿童提供良好的早期音乐教育,使得学前儿童对音乐的音高型、节奏型、节拍、旋律、调性有了及时的理解与回应。培养学前儿童学习多样性的音乐对于以后音乐能力的发展具有重要意义。

(二)3～6岁学前儿童创作表演类音乐活动的意义

1.培养学前儿童的音乐感受力和表现力

在日常生活中,大部分学前儿童的表现欲望都很强,而感受是表现的基础,表现力又能促进感受力提高。在学前儿童创作表演类音乐活动中,学前儿童能够合着音乐的节拍、节奏跳舞,并使动作适应音乐的情节,用动作表达感情。因此,在学前儿童创作表演类音乐活动中,要充分利用学前儿童喜欢表现这一心理特点,重视对学前儿童音乐感受力和表现力的培养,使学前儿童在用动作传情达意的韵律活动中,感受舞蹈动作的韵律美。

2.培养学前儿童的想象力、创造力

学前儿童有着奇特而丰富的想象力、易于变化的情绪,甚至我们成人看起来不太合乎常理的情趣,都是儿童世界的"真理"。因此,在学前儿童创作表演类音乐活动中,要充分发挥学前儿童的想象力和创造力,让他们充分展开想象与创造的翅膀,随着音乐进行夸张的表演。因为音乐活动离不开想象,而想象又是学前儿童从音乐活动中获取快乐的重要途径之一,创作表演类音乐活动则更是需要丰富的想象力和独创性的活动。在这样的活动中,学前儿童的想象力和独创性会理所当然地得到充分的发展。

3.培养学前儿童的社会交往能力和合作精神

一个完整的创作表演类音乐活动往往需要多名学前儿童共同参与才能最终完成,在表演中,每名学前儿童所担负的角色和需要完成的动作也不尽相同,要想展现出完善的节目,学前儿童音乐教育需要每名学前儿童团结协作,这就需要培养学前儿童交往合作的能力。所以,在学前儿童的创作表演类音乐活动中,一定要重视对学前儿童交往合作能力的培养,通过音乐活动这一媒介,满足学前儿童与人交往的需要,增强学前儿童与人交往的能力和信心。

三、学前儿童创作表演类音乐活动的途径和方法

(一)0～3 岁学前儿童创作表演类音乐活动的途径和方法

1.为 0～3 岁学前儿童选择音乐材料

对于 0～3 岁的幼儿,最适宜他们的音乐材料,是一些高雅的中外优秀经典音乐作品。这些作品的选择,有利于学前儿童听觉的发育,有利于提高学前儿童对音乐兴趣的培养和对音乐产生美的意识和美的感觉。具体可以从以下几个方面进行:

第一,家长或教师可选择反映不同情绪的乐曲、歌曲与孩子们一起欣赏,以自己的情绪感染幼儿,让他们也能逐步感受乐曲和歌曲的性质,能够体验到活泼、欢快、柔和、抒情;还可以让幼儿随着音乐作出相应的情感反应,作出高兴、生气时的面部表情或肢体反应,或用简单的动作表达出来。

第二,家长或学校可以购买一些小乐器,如手铃、铃鼓、钢片琴、自制沙球,让幼儿自由地去摸摸、敲敲、摇摇,使之发出各种不同的声音,激发幼儿对音乐的兴趣和好奇。

第三,经常播放一些轻音乐刺激幼儿的神经发育、进行早期的音乐启蒙。例如,摇篮曲体裁的歌曲,摇篮曲体现的是母亲对她的小宝贝的亲切和良好祝愿,是哄着宝贝入眠的歌曲。选择旋律悠扬、优美动听的《摇篮曲》等歌曲有利于孩子个性心理品质的形成。

第四,选择小夜曲或夜曲一类的乐曲,它们的旋律往往表现较为宁静、赋予歌唱性,可帮助学前儿童安定情绪,在情绪情感发展方面得到快乐健康、和谐发展。

第五,选择一些模拟音乐,如可以直接模拟各种动物的形象、表演动作等,其音乐写实性较强,具有真切动人之感,如《动物狂欢节》中的天鹅,钢琴曲《梦幻曲》《幽默曲》《野蜂飞舞》等,这些音乐更多的是赋予学前儿童对音乐的兴趣和对不同动物形象的感知。

第六,选择一些民族音乐,如民族器乐曲《春江花月夜》《渔舟唱晚》《百鸟朝凤》;小提琴独奏曲《思乡》《海滨音诗》等。这些音乐具有丰富的表现力,情绪热烈欢快、悠扬自如、抒情洒脱,可以唤醒学前儿童的听觉记忆,使之接受美好音乐的熏陶,这对提高学前儿童的审美感知和审美意识有重要作用。

2.为 0～3 岁学前儿童选择音乐活动

音乐教育活动是感受美、表现美、创造美的活动,是联结情感心灵的活动。国内外的一

些研究资料显示,0～3岁学前儿童正处在听觉发展的关键期,当学前儿童听到音乐时,他们常常会高兴地拍手、跳跃、歌唱,音乐能给予刺激,优美的旋律;节奏能激起孩子愉快的情感情绪体验,因此,在学前儿童早期进行音乐启蒙教育是完全符合孩子身心健康发展需要的。国内外许多心理学家从大量研究中发现,当学前儿童还不能用文字语言表达内在情感时,却能借助音乐语言抒发情感。幼儿从2岁起,就已开始进入艺术智能发展的黄金时期。因此,对学前儿童从小进行音乐审美教育是十分必要的。它有助于儿童的全脑开发,有助于一般智慧和创造力的发展,它给儿童带来的是美的体验及更多表达情感的方式,能让他们获得更多的快乐。总之,早期音乐启蒙教育对于学前儿童健全人格、陶冶情操、开发智力等将起到其他教育不可替代的作用。

(二)3～6岁学前儿童创作表演类音乐活动的途径和方法

在幼儿园目前的歌唱教学活动中,常见的创造性歌唱教学主要有创编新歌词、创编歌表演动作、创编舞蹈动作等。

1.创编新歌词

在创编新歌词的教学活动中,一般应注意以下几点:一是选择简单且多重复、适于儿童创编的歌曲;二是只教授一段歌词作为创编的样板;三是预先做好必要的知识准备,以保证活动具有良好的创造气氛和审美气氛;四是创编中应注意集体参与创编和歌唱的密度,以保证活动中大多数儿童都有机会动脑、动口、动手;五是创编中应注意控制好编唱时间的长短,以保证活动结束时仍有"余兴未尽"的气氛;六是创编中应适当强调创编结果的个人独创性和审美性,以保证编唱的结果能够给学前儿童留下美好的印象。

(1)一般教学步骤

创编新词的活动可以根据学前儿童及教师对歌曲学与教的需要,考虑安排在教学系列层次活动的任何一个程序中。

(2)一般注意事项

第一,在小班的歌词创编活动中,必须注意的主要问题有以下几点:

所选歌曲的音域一般应在六度以内;歌曲的结合方式应一字对一音;曲调的节奏一般应以二分、四分、八分音符为主;每个乐句在长度上一般应相等;整首歌曲的长度一般不应超过8小节,以减轻学前儿童学习、掌握的负担。

①歌曲的旋律、节奏、歌词中应含有较多的重复成分;每段最好只含有一种形象或动作,以减轻学前儿童记忆、反应的负担。

②歌词中所含的词汇一般应多为名词、动词或象声词;句子的结构应相对简单;创编时只需学前儿童用少数"替换词"来替代原歌词中相应位置的词汇;一般无须学前儿童重新组织句子,以减轻学前儿童语言表达的负担。

③最初学习时,在教师具体的帮助下,由某位学前儿童想出相应的形象或词句,然后集

体一起唱出。等到比较熟练后,再鼓励学前儿童独立地唱出新词,以减轻学前儿童情绪方面的负担。

④教师应特别注意鼓励"参与"精神,对反应较慢、发展暂时滞后的学前儿童应给予平等的机会和更加具体的帮助,一般不宜催促,也不应漠视或放弃,以减轻学前儿童在自尊、自信等成长方面的压力。

第二,在中班歌词创编活动中,必须注意的主要问题有以下几点:

①为中班学前儿童选择的歌曲音域可以稍宽一些,一般为7～8度。如果偏低的音经常成群地出现,可以相应提高调高水平;如果偏高的音出现频繁,且时常在强音上延长,则可相应降低调高水平,以使大部分的音高出现在C调的中音"do"到高音"do"之间。

②在节奏方面,可以允许有少量的附点音符和十六音符;词曲结合的方式上,也可以允许有少量一字两音甚至一字多音的情况。但总的来讲,新因素增加的速度不宜过快,大部分的情况还是应该向小班接近。

③歌词内容方面,中班学前儿童相比小班可以加入更多的新知识或间接经验。句子中所要求改变的成分也可以比小班稍多,改变的方式也可以比小班稍复杂。在进行创编之前,教师应检查本班儿童在日常生活及其他教育教学活动中获得的知识经验是否有可以相互利用的地方,如果确实需要,教师也可以在语言、常识或其他有关教育活动的过程中顺带进行一些必要的知识经验和语言组织技能方面的准备,以使学前儿童在进行歌词创编活动时能够体验到更多创造的快乐和享受音乐的快乐。

④从小班就开始进行歌词创编活动的学前儿童,这方面的能力的确会成长得比较快一些。但教师在选择中班教材时一定要持谨慎的态度,因为不适宜的难度会使学前儿童因畏难而降低热情。围绕一首歌曲进行的创编活动,进行到一定程度就应该暂停,因为再好的材料和活动连续使用,也会使学前儿童因厌烦而降低热情。

第三,在大班歌词创编活动中,必须注意的主要问题有以下几点:

①在材料选择和学习要求上都可以比中班稍难,但仍应谨慎地保持尺度。

②教师在教授原歌词和曲调时应该尽量教得扎实,以使后面的学习和创编能够在比较完善的审美情境中进行。

③在有基础的班级,可以考虑逐步加快编唱的速度和提高编唱的独立性要求,以便对能力逐步增长起来的学前儿童形成更有力的挑战。

④在有合作基础的班级还可以逐步增加合作性的创编活动,以锻炼学前儿童的合作能力。如果选用中班难度的歌曲,在学习反应上则可以要求:教师在弹歌曲的前奏时,允许小组内学前儿童轻声讨论、协商;前奏结束时,整个小组全体成员必须整齐地一起唱出新编的歌词……

第四,大班、中班、小班的歌词创编活动中共同需要注意的一般问题有以下几点:

①教师一般只向学前儿童提供一段歌词。

②教师应针对本班学前儿童的具体情况,做好创编要求和程序设计,而与创编有关的知识经验技能准备情况应以学前儿童自身的实际基础为着眼点,必要时也可顺带利用其他活动,但一般不应为了准备而准备。

③教师应十分注意努力提高学前儿童创编活动的参与"密度",减少等待、游离于活动边缘的状态,使绝大部分学前儿童都有较多的动脑、动嘴和做动作机会,并享受创造和分享创造成果的快乐。例如,在含有较多重复句子的歌曲中,一位学前儿童编唱出第一句话,其他学前儿童可以马上就参与进来唱出其他重复的句子;或由一位或几位学前儿童提出建议,再由其他学前儿童或教师组织大家一起用其中某一种或分工合作的方式以新的创作展示出来等。

④教师应注意在一次音乐活动中把握好创编时间的长短。最理想的控制时间的标准是:全体学前儿童在整个创编的时间段中保持高度的参与积极性。教师能恰好在学前儿童的积极性大面积下降之前终止活动或转入新的活动,为活动创造出意犹未尽的气氛。如果教师在把握学前儿童情绪状态方面的经验不足,也可以在最初就采用比较机械的方法:将整个创编活动控制在 5～8 分钟之内,或者将独立创编的学前儿童人数控制在 3～5 人。歌曲创编内容本身比较复杂或较复杂的演唱方式、合作训练也包括在学习内容之内时,往往只创编两种以内的新歌词效果会更好。

⑤教师应注意使创编的结果达到相对完美的程度,质量有时应该比数量更为重要,对于创编中产生的具有独创性和审美性的例子,教师可以稍加评说,并提供机会让学前儿童通过多唱几次来实际感受这些优秀范例的独特好处,借此不断提高学前儿童对独创性和审美性的独立判断能力。同时,教师还应努力帮助学前儿童提高演唱的熟练程度和完美程度,不断提高学前儿童对活动的自我享受水平,让每一次活动都能够给学前儿童留下完善、美好的印象。

2.创编歌表演动作

在创编歌表演动作的教学活动中一般应该注意以下几点:一是即兴创编活动与引导创编活动应该区别对待;二是结构性动作、情节性动作、情感性动作应该区别对待;三是在引导创编的活动中,创编的数量以"够用"为限度;四是在即兴创编的活动中,教师应主要以"反馈"和相互展示、交流、学习的方式来丰富学前儿童的创编思路;五是知识准备、数量限制、独创性、审美性要求等与"创编新歌词"相同。

(1)一般教学步骤

创编歌表演动作的活动可以根据学前儿童及教师对歌曲学与教的需要,考虑在教学系列层次活动的任何一个程序中做具体安排。

（2）一般注意事项

大、中、小班的表演动作创编活动中共同需要注意的一般问题如下：

第一，即兴创编动作活动与引导创编动作活动应该区别对待。即兴创编动作活动的主要特点为：学前儿童在前，以学前儿童的意见为主，教师根据学前儿童的创造结果再提供自我发展完善的机会或建设性的参考意见。引导创编动作活动的主要特点为：教师在前，以教师的潜在意见（不在学前儿童创编前直接提出的意见）为主导性的意见，在学前儿童提出创编意见后，教师再根据学前儿童的意见重新组织自己的原有设计。

第二，结构性动作、情节性动作、情感性动作应该区别对待。结构性动作创编强调的是通过创编、理解和展现特定的结构，如段落、句子歌词内容的重复变化，前奏、间奏、尾奏等。情节性动作创编强调的是通过创编、理解和展现歌词内容中的人物和故事情节的变化。情感性动作创编强调的是通过创编、理解和展现歌曲的主要情绪、情感氛围的变化。突出重点地要求和辅导，既有助于学前儿童发展不同的创编手法与表达要求之间的关系，也有助于"分兵出击，各个击破"。

第三，在引导创编动作的活动中，创编的数量以"够用"为限度。如果只需要一个动作，在比较合适的动作出现后，该种动作创编就可以告一段落。因为无限制地创编多余的新动作，会阻碍学前儿童完整地享受成果，也容易造成学前儿童兴趣的减退和注意力的涣散。

第四，在即兴创编动作的活动中，教师应主要以"反馈"和相互展示、交流、学习的方式来丰富学前儿童的创编思路。教师的"反馈"是指教师用语言或动作将学前儿童的创造再现给学前儿童。因为学前儿童年龄小，许多创作都是在不完全自觉的情况下自然"流露"出来的，而且往往做完了也就忘记了。所以，在这种情况下，教师就十分有必要帮助学前儿童记录，并把学前儿童的成果"放大"后再展现给全体学前儿童，以便产生更强的教育效果。同样，教师组织学前儿童相互展示、交流、学习也是为了能够达到更好地增强教育效果的目的。

第五，一般情况下，教师在引导创编动作之前需要自己先创编好一个"样本"，这个样本体现了教师希望学前儿童通过创编掌握的有关知识和技能。但是，在实际的创编教学中，教师一般并不直接提供自己的样本，因为这样会限制学前儿童的思路，同时也会限制教师从学前儿童那里获得启发。好教师应该能够灵活地通过提问和提供思考线索、提供改善建议等方式来丰富学前儿童的创编思路，同时也应该能够灵活地通过吸收学前儿童的意见来丰富自己的创编思路。

3.创编舞蹈动作

"发散性"与"集中性"是进行一般创造性活动的两种思考路径；"联想性"与"结构性"又是进行幼儿园创造性韵律活动教学的两种思考路径；而"流畅性"与"新颖性"则是评价是否提高了创造性品质的思考路径。

"启而不发"是创造性教学活动中最让教师伤脑筋的事。其实,真正弄清了上述几个问题,对改善幼儿园韵律活动"启而不发"的状况是会有一定帮助的。

"流畅性"(主要与发散思维品质有关)是指创造出新思想的速度。一个人在一定时间内想出的新主意越多,就可以说他在创造性活动中思维的流畅性品质越好。在幼儿园的韵律活动中,引导学前儿童使用"联想性"思考路径的主要方法是尽量利用学前儿童已有的生活经验,用提供问题或回忆线索的方法引导学前儿童用自己的动作来"讲述"自己的有关经验;或者引导学前儿童进行即时观察,再鼓励学前儿童用自己的动作来"模仿"自己的观察体验。引导学前儿童使用"结构性"思考路径的主要方法是尽量利用学前儿童已学过的结构要素,用提供问题或回忆线索的方法引导学前儿童用自己的动作来"体现"原有的特定结构线索;或者引导学前儿童对自己(或其他学前儿童)的范例进行即时观察,再鼓励学前儿童用自己的动作来"再现"从范例中抽取出来的结构要素。因为"流畅性"鼓励的就是想得快,而且是越快越好。所以在进行这种锻炼时,应该着重使用能够加快速度的一些策略。

在创造性思考中,要想尽可能快、尽可能多地想,就需要先找到某一类事物。在同类事物中,利用上属种类事物的相同性质,创造性地表现下属种类事物的不同性质,相同与不同性质都会成为"牵引"思考快速前进的有效线索。例如,"鱼(各种各样的鱼有金鱼、鲨鱼、剑鱼、蝴蝶鱼(鳄)等)游(各种各样的游)";回忆有关鱼的经验:鱼会吐泡泡、身体摆动、在水中移动位置;回忆自己的生活经验:吃饭、睡觉、做游戏,独自一人、与同伴在一起,快快乐乐、慌慌张张、扭扭捏捏、无精打采、愣头愣脑……这些线索就被称为"联想性"线索。回忆结构要素的知识和应用这些要素进行创造性运动表达的经验:高低、大小、快慢、硬软,前进、后退、旋转;做出不同身体造型,手臂在身体的不同方位用不同的轨迹摆动,双臂在相同位置上用相同方式运动、在不同位置上用不同方式运动,遵循不同的运动路线移动;与同伴用不同方式连接并共同运动……这些线索就被称为"结构性"线索。当然,一个独立的创造性韵律活动学习时间总是有限的。教师不可能一次性地穷尽自己已经掌握的所有思路,学前儿童也不可能一次性地接受和消化过多的"营养"。要想获得舒适愉快的学习体验(学前儿童不感到过度紧张和疲劳)和能够产生审美吸引的创造性结果(学前儿童为自己作品的美而感动),引导学前儿童发现更具有新颖性的创造,逐步提高学前儿童思考的新颖性品质,就显得与"流畅性"的培养同样重要。

"新颖性"(主要与集中思维品质有关)是指创造出的新思想在一定时空范围内具有独特性。通俗地讲,当具有新颖性的意见被创造者提出来时,绝大多数接受者的体验是:这我可想不到! 例如,在一个幼儿园中班的"鱼游"律动中,一位男孩把双掌当成鲨鱼的上下颌,10个手指当作鲨鱼的牙齿,瞪着眼睛,弓着背,做出很凶恶的样子……立即引起了班上许多学前儿童的兴奋尖叫和自动效仿。这个例子也说明,该创意的新颖性在班级的范围内得到了确立。当然,可能在更大范围中,这个创意也是相当独特的。新颖性比流畅性更难培养,其中的原因之一在于"新颖"的标准会"水涨船高"。但在幼儿园中,整个起点都比较低,学前儿童思想上的束缚也比较少,更何况新颖性也是可以从流畅中"诞生"出来的。所以,在提高学前儿童创造性思维的新颖性水平方面,教师还是可以有所作为的。

教师通过"联想性"路径提高学前儿童创造的新颖性水平的策略是帮助和鼓励学前儿童养成不断主动积累更加丰富多彩的生活经验的习惯。因为学前儿童了解的事物的独特细节越多,他所能创造的让他人惊讶的创意也就越多。例如,前例中,那位学前儿童如果没有有关鲨鱼的经验,是不可能引起"轰动"效应的。通过"结构性"路径提高学前儿童创造的新颖性水平的策略是系统提供与韵律动作创造有关的结构要素知识并帮助和鼓励学前儿童对这些知识不断进行迁移性的运用,以提高学前儿童使用这些要素的熟练性和灵活性,学前儿童了解的要素和要素不同组接的可能性越多,提出能让人惊讶的组接方式的可能性就越大。例如,当许多学前儿童都已经提出双手在胸前用各种姿态持续向外互相环绕滚动的动作后,一位学前儿童提出了一个乐句向外、一个乐句向内绕环的新运动模式,这就自然引起了蕴含增加加速变化反应紧张在内的新颖感觉。

当然,教师也要注意引导学前儿童养成"海阔天空"自由遐想的习惯,学前儿童的想象空间越开放,束缚越少,能让他人惊讶的思路也就越多。另外,教师还要重视引导学前儿童养成注意他人提出的创意意见的习惯,要让学前儿童知道在他人意见的基础上进行思考,吸收他人意见中的合理因素,再稍稍加以改造,不但可以提高创造性思考的速度,而且也可以避免过多的雷同,创造出程度更高的新颖性效果。例如,一位大班学前儿童在其他人想出各种啄木鸟在树干上(身体前方虚设的树)啄虫的动作后,改变了手(假想的鸟喙)运动的方向,调转"啄木鸟头"在自己的脸上、身上(将自己想象成树)啄动,造成蕴含触觉在内的新颖感觉,引起了全班的热烈响应。又如,另一位大班学前儿童,在观摩了若干位同伴的仅含一两个动作的舞蹈即兴表演后,将几位同伴的动作创造性地组合了起来,这也是创造,而且在利用创造资源方面更高一筹。

第三节　创作表演类音乐活动的指导策略

一、幼儿园中创作表演类音乐活动的类型

(一)歌表演活动

1.激发学前儿童的参与兴趣是提高学前儿童表现力的动力

教学中应及时激发、培养学前儿童对歌表演的兴趣,让学前儿童积极参与,继而提高学

前儿童的自主表现力。

第一,选择贴近学前儿童生活的歌表演素材,充分调动学前儿童已有生活经验,并且生成新的经验,更容易引发学前儿童自主表现的欲望。生活化的歌曲引起学前儿童的情感共鸣,便于学前儿童理解与学习。例如,歌曲《小小鸡》中描述了小鸡背着书包,戴着帽子去草地上玩,不小心走远了,妈妈叫小鸡赶快回家的情形。因为内容贴近生活,形象生动有趣,孩子易学易记,学前儿童根据自己的经验很快理解歌词,他们很容易地就学会了这首歌,并添加动作表演。

第二,选择具有游戏情景的歌曲。游戏是学前儿童的主要学习方式,它带给学前儿童快乐和满足,选择具有情景、趣味性的歌曲,能使学前儿童产生持久表演的热情,自主表演的兴趣高涨。例如,歌曲《小老鼠上灯台》,讲述猫和老鼠的故事。最后一句"叽里咕噜滚下来",吸引学前儿童想出各种动作。学唱时,学前儿童会自主选择角色边唱边表演,在最后一句让猫去抓老鼠,老鼠要立刻逃回自己的"家"中(坐椅子上)。一次次表演唱使学前儿童自主表现欲望强烈,出现了动作各异的猫和老鼠。

2.教师多方引导、激发学前儿童自主表现

(1)引导学前儿童观察生活,积累经验

在日常生活中,让学前儿童观察自然生活中的各种现象,并用简单动作示范,教给学前儿童一些简单的表达方法。有了生活经验,学前儿童常能想出与众不同的动作来表达自己对歌曲的理解与感受,提高了学前儿童对歌曲的表现力和创造力。例如,在学习《蚂蚁搬豆》歌曲中,为了让学前儿童表现出小蚂蚁齐心协力搬东西的场景,重点带领学前儿童观看蚂蚁搬食物的视频资料,了解蚂蚁的生活习性。特别针对歌中一句"回洞请来好朋友,抬着一起走"的情景重点观察,因此在音乐活动中,让学前儿童边唱边表演时,学前儿童一起做抬东西的动作,充分用动作诠释对歌曲的理解。

(2)引导学前儿童互相启发

活动中学前儿童会以自我为中心,注重自我创造、自我赏识和自我满足。教师要引导学前儿童合作学习,促进学前儿童长足的发展。在歌曲《我们都是好孩子》中,请学前儿童边听边想象用动作表现歌曲内容。有的学前儿童边听边做捶腿敲背动作;有的学前儿童模仿倒茶、搬凳子姿势;有的扮演爷爷、奶奶抚摸着"小孙"的头,脸上露着慈祥的微笑,不住地点头。学前儿童的表现激发个别内向孩子强烈的表现欲望,使他们不由自主地加入表演的行列。在讲讲、做做中学前儿童互相启发,增强了兴趣,最后将学前儿童一致喜欢的动作组合成表演内容。由于动作源于学前儿童自主创编,学前儿童表现欲望强烈。

(3)充分利用多媒体和网络资源

在活动中通过视听结合,引发学前儿童想象、感受和联想,激发学前儿童在歌表演中自

主表现。例如,歌曲《小小蛋儿把门开》,先提出问题"小鸡是怎样从蛋壳里出来的?"让学前儿童思考,再让学前儿童观看《小鸡出壳》的视频,学前儿童会投入其中,边回答边模仿。

3.搭建供学前儿童自主表现音乐、探索的平台

艺术是学前儿童"表达自己的认识和情感的重要形式"。为满足学前儿童爱唱、跳、表演、创造的欲望,班内创设音乐角。配备、摆放一些打击乐器、自制表演服装道具、琴、麦克风等。学前儿童在区域活动时,随自己喜欢的音乐自由地演奏、演唱或舞蹈,也可以根据自己的兴趣开展自发的表演游戏。为有表演欲望的学前儿童提供一个自主表现表演的空间。定期举办歌唱会,为有表演欲望的学前儿童创造自主表现的机会,提高学前儿童对歌表演的表现力。

(二)舞蹈活动

1.学前儿童舞蹈活动的目标

幼儿园舞蹈活动的目标可以概括为以下方面:帮助学前儿童感受到舞蹈活动带来的快乐,培养舞蹈兴趣;帮助学前儿童感知、想象和创造学前儿童舞蹈美;帮助学前儿童积累舞蹈审美经验;引导学前儿童学习简单的舞蹈动作技能,发展舞蹈表现力;指导学前儿童能与他人合作,体验集体舞蹈活动的快乐。

各年龄班舞蹈活动的具体要求如下所示。

(1)小班

第一,能够尝试随音乐做简单律动、音乐游戏和有简单舞蹈动作的活动,培养学前儿童跳舞和做音乐游戏的兴趣。

第二,能按音乐的节拍做动作,培养节奏感。

模仿动作:如打鼓、吹喇叭、开火车、小鸟飞、小兔跳等。

基本动作:如拍手、点头、碎步、蹦跳步等。

第三,能自己想出简单的动作进行创造性的表现,体验舞蹈活动中表达、创造和交流的快乐。

第四,学习用动作、表情、姿态与人沟通。

(2)中班

第一,能够随音乐做简单的舞蹈动作,喜欢参与舞蹈活动。

第二,能够感受音乐节奏、旋律的显著变化随之变换动作。学习用上肢、下肢等简单的身体动作表现音乐的情感。

模仿动作:根据学前儿童生活选择一些容易模仿的形象动作,如蝴蝶飞、摘果子等。

基本动作:如手腕转动、踵趾小跑步、踏点步、垫步等。

队形变化:圆圈、链条状。

第三,能够在音乐的伴奏下创造性地表演出舞蹈活动中自己所扮演的角色特点。

第四,学习用动作表现音乐的结构、形象等,进一步增强用动作、表情、姿态与人沟通的能力。

(3)大班

第一,继续学习随音乐做简单的舞蹈动作,体验参与舞蹈活动的快乐。

第二,基本能随音乐的变化改变动作的力度、速度、节拍、难度等。

模仿动作:模仿学前儿童熟悉的成人劳动动作,如采茶、挤奶、扑蝶、骑马等。

基本动作:如跑跳步、进退步、交替步等。

队形变换:圆圈变大或缩小、横纵排列。

第三,能创造性地大胆表现自己在舞蹈活动中的情感和体验。

第四,学习用身体动作组合表现音乐的结构及其形象、情感和内容,积极熟练地用动作、表情、体态与人沟通。

2.学前儿童舞蹈活动的类型

(1)创造性律动

创造性律动是当今幼儿园音乐舞蹈教学研究领域的一个新概念,是指让学前儿童在音乐的感染下,身体随着韵律的起伏自由地、富于个性和创造性地做出符合音乐性质、结构与节奏的身体动作。这样的身体动作是在教师的引导下,学前儿童通过积极探索而创编出来的。其中包括为歌曲创编动作、创编模仿动作、舞蹈动作及欣赏成品音乐创作动作等。

(2)集体舞

学前儿童集体舞是一种集体娱乐的歌舞形式,参加的人数不限,但要求成双结对,一般应当在短小歌曲或音乐的伴奏下进行,学前儿童在规定的位置、队形中做简单统一、相互配合或自由即兴的舞蹈动作,是一种强调在队形变化中进行人际交流的舞蹈类型。

学前儿童集体舞具有娱乐性、群众性、参与性的特点。学前儿童在简单的动作练习、丰富的队形变化中进行情感的、体态的、非语言的交流,从而获得运动的快乐和交流的快乐。

集体舞除了具有重要的审美价值外,还有以下重要的教育价值:第一,促进社会交往意识及能力的发展,促进合作意识、团队意识及相应能力的发展,体验集体共同舞蹈的快乐;第二,促进积极的生活态度及能力的发展,体验舞蹈的快乐,有助于美化生活;第三,认识身在其中的立体空间的变化规律,感受其新奇魅力,增强学前儿童对音乐、舞蹈动作,以及队形结构中数学规律的敏感性;第四,通过愉悦的活动锻炼身体,增进身心健康。

(3)邀请舞

它是集体舞的一种变形,是儿童比较喜欢的一种舞蹈形式。通常一部分儿童作为邀请者,与被邀请者跳完一遍以后,可以互换角色继续跳舞,如《猜拳游戏舞》。

（4）双人舞

它是指两个人相互配合的一种舞蹈形式（也包括 3 个人或 3 个人以上的组合形式），如《小世界》。

（5）表演舞

它是一种带有表演性质的舞蹈形式，在一般歌曲表演或舞蹈动作组合的基础上加工而成，一般限定舞蹈者人数，还可以适当采用一些舞蹈道具等辅助材料，通常在节日活动或文艺演出活动中被采用。

3.学前儿童舞蹈活动的组织形式

学前儿童舞蹈活动一般有以下两类组织形式。

第一，有计划、有目的的教师起主导作用组织的舞蹈活动形式。例如，上舞蹈课（一般与音乐教学融为一体）、游戏中的舞蹈活动、节假日舞蹈活动（观摩欣赏或排演舞蹈）等。

教师的主导作用体现在教育教学的目的、内容、方法、时间、地点等的确定与实施；培养学前儿童舞蹈学习兴趣和积极参与的意识，初步教会学前儿童舞蹈的学习方法等。

第二，学前儿童自己发起、参与、组织的舞蹈活动形式。例如，学前儿童自发的舞蹈表演；学前儿童舞蹈观摩后的自由交流评价、模仿；学前儿童即兴舞蹈的表演和创编等。这种活动形式为学前儿童的个性发展、情感的自由抒发、动作的表现提供了良好的机会。教师应充分与学前儿童合作，给他们提供场地、环境、时间，不要干扰和限制学前儿童健康良好的自发舞蹈活动。

（三）打击乐活动

在学前儿童阶段，学前儿童可以学习演奏一些不需要肌肉间细微协调的、简单的乐器。因此打击乐在幼儿园教学中是最为实用的。打击乐器的创作表演主要集中在节奏创作、旋律创作和声音创作方面。节奏创作主要是指在不改变乐器的条件下，创作与已经出现的固定重复节奏型不同的节奏型。旋律创作是指学前儿童创编出已知音乐中未出现过的旋律，适用于音条乐器。声音创作是指学前儿童用多种方式演奏同一种乐器，使之产生出不同的声音效果；或者使用多种物品代替乐器声音。

3～4 岁的儿童可以选用的打击乐以身体节奏打击为主。此阶段的学前儿童热衷于动作与语言相配合的节奏游戏。在游戏的过程中进行节奏创编，游戏过程中要鼓励学前儿童口头表达出自己和别人不同的节奏。

4～5 岁的儿童可以敲击单声部乐器打节拍和基本节奏。借助于乐曲结构图或图形谱可以提示学前儿童所要用的乐器，学前儿童可以随着乐曲进行打击乐器演奏。另外学前儿童可以交换乐器或轮流担当指挥。在乐曲演奏的过程中，鼓励学前儿童用自己创编的方式或音效来表现音乐。

5～6岁的儿童不仅可以演奏简单的单声部木质、皮质或散响类乐器,还可以演奏乐器。此阶段的学前儿童可以有意识地创作出节奏型,或者在节奏型不变的条件下创作旋律。

二、早教机构、幼儿园中创作表演类音乐活动的设计与指导

(一)创作表演类音乐活动的设计与组织

学前儿童创作表演类音乐活动有歌表演、创造性律动、节奏乐、表演性音乐游戏、集体舞和表演性舞蹈,有唱的、听的、动作的、演奏的等多种不同的实践活动方式,适应学前儿童多种音乐实践活动的需要。在一次音乐教育活动中,可以有两三种教育内容的综合,注意教育内容、形式、过程的动静调和、情绪搭配、难易适度、有主有次,注意把教育内容组织得丰富多彩、合情合理,避免音乐活动内容、形式单调乏味。

设计和组织学前儿童创作表演类音乐活动,包括以下几个部分。

(1)名称:要能显示活动的特征和功能。

(2)目标:通过教育活动能够达到目标要求,能够把握活动的主要功能,而且目标是具体的、切实可行的。

(3)准备:开展教育活动所必需的、特殊的物质条件,如场所、器材、教具等及其种类、尺寸和数量。

(4)活动过程:包括活动的内容、要求、步骤等,采用标号的方式阐述活动过程,为的是把握组织活动的要点,可以按标号的顺序进行活动,也可以根据活动的需求机动灵活地调整活动的内容和顺序。

(5)注意:指提醒活动中应注意的事项、活动过程的补充说明和活动设计的主要观点。

(6)反思:在活动过程完成以后,对教育活动的设计思想、目标、活动过程、教学方法、教学效果做全面的回顾,记录活动中的收获、体会、不足、教训,为总结教育工作正反两方面的经验积累资料。

(二)创作表演类音乐活动的指导

1.歌表演指导

学前儿童歌曲表演教学中歌曲的选择是非常重要的,要选择学前儿童易于理解的、旋律流畅、节奏鲜明的歌曲,歌曲要适合学前儿童的动作表现,利于学前儿童想象。

学前儿童歌曲表演教学的基本步骤如下。

(1)学唱歌曲及示范表演

歌曲表演的学习应首先让学前儿童欣赏歌曲、分析歌曲,使学前儿童熟悉歌曲的旋律和节奏,了解音乐的性质和结构,学会演唱歌曲。在欣赏歌曲的过程中,教师可做示范动作,让学前儿童获得完整印象,使学前儿童更好地感受、掌握歌曲的特点,理解音乐与舞蹈动作之

间的关系。

(2)教、练动作

教师要根据歌曲表演的内容及特点、学前儿童的动作水平及具体条件,创造性地、灵活地运用各种方式方法,使幼儿较快地学会舞蹈动作。

教动作时必须注意以下几点。

首先,要将学前儿童排成合适的队形,确保每一个学前儿童都能看清示范动作,弄清方向。对舞蹈动作呈现不佳的学前儿童要有意识地将他们排到前面,便于教师及时指导或排在动作较好的学前儿童后面,便于模仿。

其次,在教、练动作的过程中,要遵循由慢速至原速,由静止到流动,由分解动作到完整动作的原则,使学前儿童明确动作的节奏、路线,以及全身动作的配合。

再次,教师要对动作进行启发性分析和讲解,引导学前儿童通过对生活中某一形象的联想,自己创造出形象逼真的富有情趣的舞蹈动作。

最后,教动作时,教师还要多用鼓励的方法,启发学前儿童表达出歌舞的情感,不必过多要求学前儿童动作的规范化。

2.创造性律动指导

在学习律动之前,教师应让学前儿童反复听音乐,充分感受,正确理解,为学前儿童学习动作打下良好的基础。教师应安排时间,让学前儿童听音乐伴奏,还可以适当运用下列各种辅助方法,帮助学前儿童感受和理解音乐。

(1)介绍动作内容

律动活动的动作和音乐是紧密结合的。例如,鸟飞的动作表现音乐流畅、优美的性质;兔跳的动作表现音乐的活泼、跳跃、轻快的性质。具体形象的动作更易于学前儿童理解和接受。因此,教师从介绍动作入手,能帮助幼儿更好地感受音乐的性质和内容。

(2)介绍律动活动的情节

在让学前儿童感受音乐游戏和舞蹈的音乐时,教师可以通过介绍角色、情节发展的情况,帮助他们感受作品不同乐段的不同情绪,以及乐曲的结构段落、力度、速度、旋律进行等方面的变化。

(3)教师动作示范

动作示范一般用于小班学前儿童,起到帮助学前儿童记住音乐特点的作用。

(4)在练习动作时,注意让学前儿童欣赏音乐

在律动活动中,音乐是动作的依据和指令,动作要根据音乐进行。因此,应要求学前儿童认真、仔细地听音乐,而不能一味强调动作的准确性,忽视与音乐的结合。例如,发现学前儿童对音乐有不熟悉的地方,要让学前儿童反复欣赏音乐的有关部分,加强记忆,深入理解。

3.节奏乐指导

在节奏乐活动中,应避免机械的练习。儿童音乐的学习要体现出音乐的美感,节奏乐活

动也应该秉承这一原则。让学前儿童在听赏的基础上,在理解作品音乐形象、音乐内容的基础上,将乐器、节奏型与音乐主题的选择结合起来,通过演奏来表现作品。

(1)4 岁以前

在乐器选择上应该选择此阶段儿童感兴趣和容易操控的乐器,常见选择有碰铃、响板和铃鼓。此阶段节奏乐的活动主要是起到积累节奏型的作用。教师可以在游戏中帮助儿童积累节奏型,培养儿童的节奏感。在教学中,多利用语言、图形帮助儿童了解掌握不同的节奏,如语言谱和图形谱。

(2)4~5 岁阶段

此阶段可以选择歌曲为节奏乐的演奏对象。在前一阶段儿童已经积累了一系列节奏型,并有了一定节奏感。在活动过程中,除了运用语言谱和图形谱来进行指导外,还可以设计动作谱和节奏谱,以及其他图示谱来帮助学前儿童记忆演奏方案。

(3)5~7 岁阶段

此前的积累在这一阶段可以获得综合表现。学前儿童可以进行歌曲和乐曲的演奏,并在此基础上进行指挥尝试。这一阶段的节奏乐活动不只是追求儿童的喜好,而更是对音乐音响效果的追求。节奏乐所形成的丰富的音响效果可以帮助儿童对音乐有进一步的理解。

此外,此阶段的节奏乐活动更多的要追求儿童的即兴创作能力,在变化中体验音乐的美妙,培养学前儿童对音乐的终身学习的能动力。常见手段是在歌曲活动中,把熟悉旋律、看指挥和即兴创作能力相结合。

4. 集体舞指导

学前儿童集体舞教学时,由于参与人数众多,队形丰富多变,如果没有一定的方法和策略,将学前儿童组织起来会非常困难。

(1)学前儿童初步感知舞蹈的轮廓

比较简单的集体舞蹈教学可以采用先省略细节,从感知舞蹈的大致轮廓入手,再根据本班学前儿童的情况,在教授完整舞蹈的过程中逐步将舞蹈的动作和结构复杂化。

(2)合理加入音乐伴奏

要注意尽可能早地加入音乐的伴唱或伴奏,最好先用伴唱跟随学前儿童,然后用速度较慢的琴声,待学前儿童活动进入较熟练状态时再使用更有鼓舞性的录音乐伴奏;也可将难点前置,将舞蹈中复杂的队形在日常活动中用游戏的形式让学前儿童学会;或将一个集体舞分几课时完成,即先欣赏音乐,学习动作,熟悉队形变化,再进行集体舞蹈,也可边学舞蹈动作边加入音乐。

(3)指导学前儿童变换队形的方法

①集体舞蹈教学中最重要的就是队形的变换,教师可以先通过完整的舞蹈示范,使学前儿童看到自始至终的队形变化。

②由小组示范，如邀请舞，教师做邀请者，请一位能力强的学前儿童做被邀请者，两人一同示范动作及位置交换，便于全体学前儿童观摩。

③教学中教师应及时提示将要改变的位置线路和方向，以及自己与前、后、左、右学前儿童的关系。同时，教师可以在黑板上画点、线表示队形的变化情况。

④要选空间知觉好、音乐感强的学前儿童排在变动位置的领头地位。还可以利用某些身体标记来帮助学前儿童减轻空间方位认知的负担。

（4）集体舞的编排应注意的几个问题

①所有集体舞蹈都应该是简单而多重复的，一般在一个八拍中不要变换动作，如果有明确的持续性同方向的动作，下一个八拍还应该在反方向再做一次，以求得平衡感。

②一个舞蹈中的基本动作一般是一个，最多不要超过两个，应该以基本动作变化来求得舞蹈作品整体统一的审美感觉。

③尽量将舞蹈动作情节化，并设计一定的游戏情节，提高学前儿童的兴趣，帮助学前儿童记忆舞蹈顺序。

④由于集体舞蹈的重要价值之一就是人际交流，因此，教师应该在集体舞蹈设计中注意为学前儿童提供较多与不同舞伴交往的机会，并在教学中始终注意激发和引导学前儿童学习和应用体态交流、目光交流的技能并同时享受人际交流的快乐。

三、家庭中创作表演类音乐活动的指导要点

（一）优化家庭的音乐环境

喜爱音乐是儿童的天性，有些家长常常抱怨自己的孩子不喜欢唱歌，对乐器也没有兴趣。那么，如何来培养这些儿童对音乐的兴趣呢？从儿童的发展规律来看，人生的前 6 年是最富有可塑性和模仿性的阶段，其身心的发展大于以后任何一个发展时期。因此，培养儿童的音乐兴趣完全可以从为儿童提供一个良好的早期音乐环境入手。家庭是儿童最早接触的音乐环境。要给儿童一个优良的家庭音乐环境，首先家庭成员要喜欢音乐，以音乐为乐。父母如果喜欢听音乐，喜欢唱歌，喜欢听孩子唱歌，那么，在洋溢着音乐旋律和轻松愉快气氛的家庭生活环境中，孩子便会在不知不觉中受到感染，会不由自主地模仿成人而愉快地表现音乐。

（二）鼓励儿童多倾听和欣赏音乐

良好的听觉是音乐活动的基础。在家庭的音乐教育和启蒙中，家长可从培养儿童的倾听能力着手。家长要有意识地引导儿童倾听日常生活和自然界的各种音响，让孩子感受音色各异、节奏多样的声音。例如，开门声、关窗声、穿拖鞋走路声、风扇转动声、擦席子声、爸爸打鼾声等；听听厨房中的切菜声、炒菜声、洗菜声、洗手声、锅碗瓢盆声等；听听家里的洗衣机、微波炉、电饭煲、电水壶等发出的不同声音等。在倾听的同时帮助孩子学会区分和比较

不同的声音,特别是相对接近音色的比较。在孩子有了一定的音色辨别经验的基础上,再逐渐进入音乐作品的欣赏。在家庭中给孩子欣赏音乐,既可以选择一些经典而优秀的古典音乐曲目作为平时生活的一种背景音乐,长时间地、反复地播放,也可以特意为儿童选择一些音乐形象鲜明、结构短小简单的儿童乐曲或歌曲,用生动的故事把被欣赏音乐的感人之处讲给孩子听,引起他们的兴趣。总之,家庭中的音乐欣赏应该从孩子出生之日,甚至更早就开始,让音乐始终伴随着孩子的生活,伴随着孩子的成长。

(三)培养和训练儿童的节奏感

节奏是音乐的生命,是构成音乐的第一要素。儿童对音乐节奏的接受和表现能力受其先天条件的制约,会表现出一定的差别。有些儿童在歌唱等一些音乐活动中跟不上音乐的节拍,把握不准节奏。实际上,完全可以通过儿童的日常生活加以培养和训练。作为家长,首先可以有意识地和孩子一起寻找和感受生活中各种各样的节奏,如汽车喇叭声的节奏,妈妈切菜的声音节奏等。家长要把感受到的各种节奏渗透到模仿游戏中逐渐诱发出孩子潜在的节奏感。其次,家长还可以收集一些韵律匀整的儿歌,和孩子一起有节奏地念儿歌,这既有益又有趣。再次,通过动作也可以培养和促进儿童的节奏感。在家庭中,父母要多鼓励孩子参加体育锻炼和体能运动游戏,如经常参加跳绳、拍球、荡秋千等体育活动,也可以和孩子一起一边听音乐一边从自然的身体动作出发做简单的律动,或和孩子一起利用玻璃杯、碗、盆、易拉罐等材料制作一些简单的打击乐器,在敲敲打打的游戏中培养孩子对音乐活动的兴趣,增强孩子音乐节奏的表现力。

第八章 学前教育音乐教学实践——游戏

第一节 游戏体验类音乐活动的含义、作用及选择

一、游戏体验类音乐活动的含义

（一）音乐游戏是在音乐伴随下进行的游戏活动

音乐游戏是一种比较特殊的韵律活动，其特殊性主要表现在游戏和音乐的相互关系上。在音乐游戏中，音乐和游戏是相互促进、相辅相成的，音乐指挥、促进和制约着游戏活动，而游戏动作又能帮助儿童更具体、形象地感受和理解音乐，获得一定的情绪情感体验。因此，音乐游戏是深受儿童喜欢的一种音乐活动。音乐游戏是一种有规则的游戏，同时也是以发展学前儿童的音乐能力为目标的一种游戏活动。它具有突出的教育作用，集中体现了音乐的艺术性、技能性与儿童的年龄特点和发展水平之间的对立统一。它把丰富的教育要求以生动有趣的游戏形式表现出来，使孩子们在乐此不疲的游戏和玩耍中既掌握了一定的音乐知识和技能，也在不知不觉中渗透了品德教育和审美教育。同时，在愉快而自由的游戏活动中，儿童还获得了更多的积极情绪情感的享受和体验，进一步促进了儿童对音乐活动的稳定兴趣及积极、主动个性的形成。

（二）游戏体验类音乐活动是一种幼儿音乐活动形式

游戏体验类音乐活动由玩法和规则构成，其趣味性极强，是一种极好的促进幼儿全面发展的活动。音乐游戏是幼儿十分喜欢的活动，可利用活动转换和下午娱乐活动的时间，一点一点地、自然地教幼儿学会如何玩一个游戏，然后再视需要和可能，随时安排幼儿进行游戏；同时，也可考虑将幼儿喜欢玩并已玩得很熟悉的游戏，作为集体教育活动的结束活动，或作为其他比较安静的教育活动的放松活动来处理。教师一方面要注意尽量使幼儿通过游戏获得教益，另一方面更要注意使幼儿在游戏中获得快乐。

（三）音乐游戏是多种多样的，分类方式也各不相同

根据目前幼儿园音乐游戏活动的实践，可以大致进行以下归类。

1. 从游戏的内容和主题来分，可以分为有主题的音乐游戏和无主题的音乐游戏

（1）有主题的音乐游戏

这类音乐游戏一般有一定的内容或情节构思，有一定的角色。儿童在音乐游戏中根据

游戏中的角色模仿一定的形象,完成一定的动作。

(2)无主题的音乐游戏

这类游戏一般没有一定的情节构思,只是随音乐做动作,相当于律动或律动组合,但这种动作带有一定的游戏性,即含有游戏的规则。

2.从游戏的形式划分可以分为歌舞游戏、表演游戏和听辨反应游戏

(1)歌舞游戏

这类游戏一般是在歌曲的基础上产生的,即按照歌词、节奏、乐句和乐段的结构做动作并进行游戏。游戏的规则通常定在歌曲的结束处。这类游戏与有主题的游戏有所不同,它可以有较明显的游戏主题、内容,也可以没有专门表现情节和角色的音乐,相对比较侧重于儿童的创造性动作表现。

(2)表演游戏

这类游戏是按专门设计、组织的不同音乐来做动作或变化动作而进行的游戏。从游戏内容上看,一般有一定的情节和角色;从游戏形式上看,带有较强的表演性。

(3)听辨反应游戏

这类游戏比较侧重于对音乐和声音的分辨、判断能力的要求,以培养儿童对音乐的高低、强弱、快慢、音色、乐句等的分辨能力。它一般没有固定的游戏情节或内容,以对音乐要素的反应和理解为主。

二、游戏体验在学前儿童音乐教育中的作用

游戏是最适合学前儿童身心发展特点的一种活动,它能给幼儿以快乐并使幼儿从中受到教育。学前儿童的音乐活动是多形式的,运用游戏这一教学手段,往往会起到事半功倍的作用。游戏体验是在音乐伴随下进行的一种有规则的、以发展学前儿童的音乐能力为目标的游戏活动。它把丰富的教育要求以生动有趣的游戏形式表现出来,幼儿在听听、唱唱、动动、玩玩当中掌握了一定的知识、技能,在不知不觉中渗透了常规教育和审美教育。同时在愉快而自由的游戏活动中,幼儿还获得了积极愉快的情感体验和享受,促进了身心健康,培养并形成了他们对参与活动的兴趣和积极、主动的个性,发展了创造性。因此,游戏体验能对学前儿童发展产生积极作用。

(一)游戏体验愉悦了幼儿的身心,促进其身心健康发展

幼儿在参加音乐游戏活动时总是欢乐的,他们的情绪处在积极的状态,幼儿身体各器官也处于积极的状态。各种不同的音乐游戏,活动量大小不同,活动身体的部位不同,这些活动不仅促进了幼儿的神经、心脏、呼吸、骨骼、肌肉等的发育,而且发展了幼儿的基本动作。例如,在小班音乐游戏"拉个圆圈走走"中,虽然小班幼儿是刚入园不久的新生,但欢快的音乐一响起,会让他们的恋家情结得到缓解,并且能激活其情绪,使他们更容易适应幼儿园生

活,乐于参加幼儿园的活动。在活动中,随着走、跑、跳不同内容的交替,幼儿的走、跑、跳基本动作也得到了发展。他们的焦虑情绪也会被欢快的音乐、有趣的游戏给冲走,快乐的感觉油然而生。这种轻松愉快的氛围,对幼儿的身心健康发展也有着积极的作用。

（二）游戏体验可以巩固和丰富幼儿的已有经验和知识,促进其智力发展

游戏是幼儿对现实生活的反映,音乐游戏是在此基础之上加上音乐的元素,对旧有的生活经验的升华和对新知识的探索。在音乐游戏中幼儿运用各种感知觉、注意力、记忆力、思维力、想象力积极活动。例如,在中班音乐游戏"猫捉老鼠"中,幼儿要调动以往的生活经验和想象,怎样做动作才能和音乐匹配并在游戏中机智灵敏地捉住对方或不被对方捉住。又如,在大班音乐游戏"小老鼠与啤酒桶"中,老师在随着音乐讲述故事后,结合教具让幼儿了解游戏情节的发展。这时幼儿会根据已有的生活、知识经验,通过联想来巩固、加深对游戏情节的了解,从而为下面的表演游戏奠定良好的基础。由此可见,音乐游戏会对幼儿的知识经验积累产生积极影响,巩固和丰富幼儿的知识,促进其智力等方面的发展。

（三）游戏体验在促进幼儿审美情趣方面也会产生积极作用

在音乐游戏中,幼儿反映着自然界和社会生活中美好的事物,以及艺术作品中的美好形象,这些都是增进幼儿美感的活动。通过动作去表现美、创造美,有助于幼儿审美能力和美的创造力的发展。在音乐游戏活动中,幼儿能主动地选择各种动作、造型、表情、手势等体态语及色彩鲜艳、生动丰富的道具,自由自在地感知美、体验美、创造美。

例如,在音乐游戏"水族馆"中,老师用色彩鲜艳的海绵纸做了一幅海底世界图,把海底生物世界活灵活现地表现出来,给小朋友视觉上美的感受。老师又让幼儿用动作来表现海底有哪些动物,这个环节使幼儿的肢体充分活动起来,有的小朋友摆出了美人鱼的造型;有的小朋友做出了美丽的小丑鱼;有的小朋友把自己变成了可爱的水母;还有的小朋友把自己变成了大鲨鱼,每个孩子都尽可能地把自己最美好的动作展示出来,表达自己对美丽的海底世界的向往。再加上优美的音乐,无不给幼儿以美的体验。游戏是幼儿产生美感的重要源泉,而音乐游戏更容易激发幼儿在优美动听的音乐中把美表现出来。

（四）游戏体验有利于幼儿创造力的发展

音乐游戏也是一种创造性的活动,因为音乐游戏的过程是幼儿想象活动的过程,幼儿的想象发挥得越充分、丰富,他们的表演就越形象、生动,所以音乐游戏也能促进幼儿创造性的发展。例如,在上音乐游戏"赶花会"时,老师用增加故事情节,如鸭妈妈带鸭宝宝去赶花会怎样走的路、怎样打的招呼等,引导幼儿进一步感受音乐的内容,并请幼儿随音乐做出各种不同的动作帮助幼儿体验和表现游戏情节;在音乐的第二段引导幼儿做出花儿开放的不同动作,并摆出造型。第三部分幼儿自由表现乐曲性质,鼓励幼儿根据自己的想象把创编出的走路、打招呼、游泳过河,以及开花的造型等动作表演出来,再跟着音乐一起把游戏情节完整地展现出来,这样的学习过程能让幼儿动脑的积极性得到较好的发展,并能跟着教师的有效

提问、引导,展开想象的翅膀,创编出和别人不一样的动作,与别人不一样的观点,发挥其创造性。又如,在上音乐游戏"包饺子"时,为了让幼儿感知包饺子的过程,教师特地从家里带来电磁锅并现场和面、擀饺子皮、包饺子,创造出浓浓的包饺子场景,小朋友在这真实的场景中,自然而然地知道了包饺子、煮饺子的过程,了解了开锅后饺子是怎样在锅里翻滚的。当让小朋友把自己想出的动作做给大家看时,有的小朋友用单脚跳;有的小朋友用双脚跳;还有的小朋友竟然翻起了跟头,还真像锅里翻滚的饺子呢!我们不得不佩服孩子们的想象力是多么的丰富,他们的创造性思维是多么的活跃。在这一学习过程中,幼儿把生活经验迁移到了音乐游戏的情节中来,不仅兴趣盎然,而且使他们的创造性得到了较好的发展。

三、游戏体验类音乐的选择与资源库

(一)0～1岁学前儿童游戏体验类音乐的选择与资源库

1.0～1岁学前儿童音乐游戏体验的特点

听美妙声音,玩节奏游戏。

2.0～1岁学前儿童游戏体验类音乐的选择

避免给婴儿听音波太强或太过刺激的音乐,应以音律稳定、节奏明确的音乐为主,如古典音乐或各种演奏曲,如此可建立婴儿的乐感、缓和婴儿的情绪。

3.0～1岁学前儿童游戏体验类音乐资源库

音乐资源库:贝多芬、莫扎特、舒曼等音乐家的音乐;或者是妈妈在怀孕时经常听的音乐。

(二)1～2岁学前儿童游戏体验类音乐的选择与资源库

1.1～2岁学前儿童音乐游戏体验的特点

1～2岁学前儿童对音乐的游戏体验是用眼睛看音乐,用身体玩音乐。

2.1～2岁学前儿童游戏体验类音乐的选择

该年龄段适合选用节奏稍快的音乐。

3.1～2岁学前儿童游戏体验类音乐资源库

该年龄段适合选用节奏欢快的幼儿歌曲。

(三)2～3岁学前儿童游戏体验类音乐的选择与资源库

1.2～3岁学前儿童音乐游戏体验的特点

2～3岁学前儿童喜欢用手触摸,喜欢在音乐的伴随下手舞足蹈。

2.2～3岁学前儿童游戏体验类音乐的选择

该年龄段适合选用钢琴、小提琴、小喇叭等乐器的独奏曲。

3.2～3岁学前儿童游戏体验类音乐资源库

该年龄段适合选用节奏感强的动感音乐。

（四）3～6 岁学前儿童游戏体验类音乐的选择与资源库

1.3～6 岁学前儿童音乐游戏体验的特点

3～6 岁学前儿童喜欢音乐中描绘的各种情绪、情景。

2.3～6 岁学前儿童游戏体验类音乐的选择

（1）节奏清晰，结构工整

人的生命运动本身就是有规则、有秩序、有节奏的运动。因此，节奏清晰、结构工整的音乐，更能够激发幼儿进行韵律游戏活动的欲望，也更容易让幼儿用动作来表现。

（2）旋律优美，形象鲜明

除少数特殊需要的动作外，为幼儿选择韵律活动的音乐应该是优美动听的。优美动听的音乐容易引起幼儿的好感，激发他们参加韵律活动的欲望。同时，音乐形象鲜明也是吸引幼儿的重要条件之一。特别对于模仿动作和表现情节、情绪的舞蹈来说，音乐形象鲜明就显得更为重要。在选择音乐时还应该注意多选不同节奏、不同性质、不同风格的音乐，以扩大幼儿的音乐视野。例如，可以为同一种动作选用不同的音乐，以锻炼幼儿的迁移能力；也可以为不同的动作选用同一首音乐，使用时可根据具体要求改变音乐的某一种或几种要素（如节奏、音区、速度、力度等），以锻炼幼儿的应变能力。

3.3～6 岁学前儿童游戏体验类音乐资源库

音乐资源库：音乐和声音的高或低；旋律可以上、下移动或在同一个音高上保持；旋律可通过级进或跳进而上下移动；旋律可以由主音结尾，这是一个圆满的终止。

第二节　游戏体验类音乐活动的途径、方法及运用

一、游戏体验类音乐活动的途径

游戏是孩子的最爱，在幼儿园音乐教学中，做到寓教于游戏十分重要。音乐有助于培养幼儿的审美观念和艺术情操，在幼儿今后的发展中，实现全面发展是重点。因此，对于现代幼儿园来说，打破传统的音乐教学模式，发挥游戏在音乐中的重要作用将成为教学主题，而首要问题就是实现教学方法的多样性。

（一）多样化的教学模式

在幼儿音乐教学中，无论是教学形式还是教学内容，都应符合幼儿的年龄特征，在幼儿阶段，玩是其天性。因此，使音乐教学逐步游戏化是幼儿音乐教师的主要任务。要做到这一点，首先应使游戏方法多样化。在音乐教学中实现游戏方式的串联，即将音乐教学设计成一连串连贯的游戏过程，使幼儿能够随时在游戏中感受音乐。游戏的设置要具有针对性，每个游戏解决孩子在音乐方面的一个问题，这样幼儿就会对音乐产生浓厚兴趣。在这个阶段，兴

趣也是每个孩子学习的基础。教师在游戏设计过程中可采用多人游戏模式或单人游戏模式，但是要注意照顾每个幼儿的感受，将歌词内容与游戏动作联系在一起。例如，在幼儿歌曲《小青蛙》中，教师可组织幼儿进行青蛙叫声的模仿、动作的模仿等，并与歌词"小青蛙，呱呱呱，田里住来水里划"相结合，使他们积极记忆歌词而不是背诵歌词。另外，在游戏设计中，要注意循序渐进，使其与歌词或韵律的节奏保持一致，培养幼儿对音乐的正确掌握和理解。

(二)将音乐本体与游戏结合

音乐与游戏之间有某种必然联系，尤其对于幼儿音乐来说，很多音乐本身就可以设计为游戏。游戏的过程实际上也是幼儿认知音乐、熟悉音乐的过程。幼儿从聆听音乐到表演音乐，整个活动过程与游戏有着不可分割的关系。以幼儿音乐《点花歌》为例进行具体分析：游戏过程可贯穿于音乐教学始终，教师领唱过程中可引导幼儿做简单的拍手、跺脚等动作，使幼儿在动态中感受歌曲的旋律。这种游戏可以全班一起完成，教师进行监督。使他们能够正确掌握歌曲的旋律，随之进行正确的身体摆动。随着学习的深入，教师可将歌曲中的歌词分解，并分别编成不同的游戏动作，引导幼儿进行模仿，不断地加大动作的难度和强度。在这个音乐教学和游戏中，幼儿实际上完成了3项内容：第一，观察模仿过程，在这个阶段，教师的作用明显，教师应进行正确的动作设计和指导，难度要适中，使幼儿对音乐和游戏过程产生浓厚的兴趣并进行简单模仿；第二，探索学习阶段，经过简单的模仿后，幼儿就会在潜意识中形成自主学习模式，从而在不知不觉中掌握音乐的旋律，也满足了其对音乐的好奇心；第三，也是最后一个过程，就是学会或者掌握音乐，达到音乐教学的目的，培养了幼儿的音乐素养，促进幼儿的全面发展。

(三)适当穿插音乐游戏

在音乐教学中，除了可以将整个过程设计成游戏外，还可以在正常的音乐教学中进行游戏的穿插。在这一过程中教师可以随机应变，将游戏设计于必要的环节中，智力游戏就是不错的选择，不但能够提高幼儿的积极性，而且能为其音乐学习奠定基础。同时，游戏的进度应不断加快，可先让幼儿倾听音乐，可以倾听一遍或很多遍，这样幼儿即可掌握旋律。教师再设计与旋律相符的动作，将其插入接下来的音乐学习中，如让幼儿配合音乐节奏做摇手等动作。随着幼儿对音乐的熟练掌握，可以增设一些推理性游戏，让幼儿思考动作要领或者设计动作。音乐教师在游戏及整个音乐教学中应注重对幼儿的肯定，使幼儿全面发展。

二、游戏体验类音乐活动的基本方法

音乐活动是学前教育课程体系中的重要内容，世界各国都非常重视儿童音乐教育模式的发展与研究。例如，德国的奥尔夫、瑞士的达尔克罗兹等提出的儿童音乐教育理论都是以游戏的方式为基础，对儿童进行音乐素质的培养。游戏是孩子们的基本活动，也是他们最喜欢的活动之一。它是一个能让孩子积极发现并勇于探索的过程,孩子们在游戏中能自由自在地发挥,在教师的引导下独立主动的学习。但在实际教学中,有许多问题困扰着我们。例如,在教师引导中,如何处理"教与学"、如何真正激发孩子们的兴趣,使孩子们在活动中真正获得艺术享受,感受艺术魅力。

(一)语言指导法

1.讲解

一般包括讲述和讲解。在音乐教学活动中,教师运用讲解的方法,主要是为了向幼儿提供各种与音乐学习有关的材料,以及加工这些材料的程序和方法。

2.提问

提问的目的:提取幼儿已有的经验,提醒幼儿关注观察的重点、程序或关系,暗示活动的操作规则,参加运动的身体部位。

提问的原则:问题应该具有开放性、启发性;应该易于记忆、易于理解、易于回答,有明确的指向性,对小年龄的幼儿不要一次性提多个问题。

3.提示和指示

运用这个方法主要是为了引导和集中幼儿认识、反映生活的注意方向。除了教师所熟悉的直接的、完全的指示和提示以外,好的教师还应善于使用眼神、口型、身体接触及其他各种不完全的语言来帮助幼儿学习。

4.激发和鼓励

激发和鼓励主要是激发和维护幼儿参与活动的热情并对自己的学习能力不断增加信心。

(二)范例法

范例具有形象性、具体性、直观性和真实性,在音乐活动中,范例运用具有更加重要的意义。

1.示范

在音乐教学活动中,示范主要是指教师用现场的演唱、演奏,做动作表演的方法来向幼儿提供活动的范例。教师提供的示范应该是多样化的,教师或其他成人,本班幼儿或其他儿童,自然、社会的各种事物、现象等都应该成为示范者,我们在提供示范时应做到适时、适应、谨慎、灵活。

2.演示

在音乐教学活动中,演示主要指教师用操作各种直观教具的方法向幼儿提供活动的范例,如图片、绒板、磁板教具、桌面教具、幻灯片、投影,录音、录像、课件等。

(三)角色变换法

在音乐教学活动中,教师需要经常运用自身角色变换的方法对幼儿的学习进行指导。

指导方法有"参与"和"退出"。

（1）参与：主要指通过参与的"角色"增强对幼儿学习活动的调控。

（2）退出：主要指通过"角色"的变化等措施弱化幼儿自身对幼儿的控制而同时强化儿童对他们自身的调控。

三、游戏体验类音乐活动在幼儿园音乐活动中的运用

游戏体验类音乐活动强调对音乐的体验、感受，在根本上服从音乐的指导。在音乐教学活动中，可以引导幼儿通过音乐游戏去感受音乐的旋律、节奏、情节，感受音乐的魅力。幼儿最自然的活动方式就是生动活泼的游戏，由于音乐是一门听觉艺术，看不见、摸不着，幼儿年龄又小，控制力弱，思维具体形象，所以对声音的强弱、快慢、高低等抽象概念是不理解的。因此必须把音乐同他们的生活、玩融为一体，通过唱唱跳跳、动动玩玩的游戏活动轻松愉快地学习。音乐又是一门表演艺术，只有在生活中直接地、亲身地体验音乐，感知音乐的力度、速度、节奏、音色等，幼儿才能获得相应的音乐知识和技能。

（一）音乐内容的选择符合游戏化

我们在选择音乐活动教材时，除了要考虑孩子的年龄特点、发展水平外，还必须考虑到音乐教材本身的趣味性——是否可以把音乐内容设计成一个或一系列的小游戏。让幼儿在学习过程中体验到和"玩"一样的感觉，自觉自愿地、不知不觉地、快乐地投身于音乐活动中，在唱唱、跳跳、敲敲、玩玩中来感知音乐，发展能力。选好教材后，我们可以针对音乐本身的内涵，设计各种不同的游戏形式，如表演性游戏、竞赛性游戏、情节性游戏及一些在训练时的猜谜、辨音、打击、领头人等小型游戏。有人要问：选择什么样的游戏形式才能更符合音乐呢？这就要求教师在选好教材以后，精心地钻研分析教材内容，之后找到与之相匹配的游戏形式。幼儿可以根据想象用动作来表现各种动物的形象和它们跳舞的情节，运用这种游戏可以帮助幼儿加深对音乐的理解和感受，当然，如果我们在活动前能为幼儿创设与游戏、音乐相符的环境氛围，所收到的效果会更让人满意。

（二）教学过程中的游戏化

在集体音乐教学过程中，我们可以利用以下3种游戏化的方式。

第一，插入式游戏，即在一个完整的音乐教学过程中，根据需要在不同的环节中插入游戏，提高教学的有效性。

第二，串联式游戏，即将整个音乐教学活动设计成一连串的游戏，每一个游戏对应地侧重解决教学中某一方面的问题。

第三，融合式游戏，即把整个音乐活动设计成一个完整的游戏。当游戏结束后，幼儿便自然获得相关的有益经验，达到教学所要求的目标。

（三）音乐活动中的运用

第一，除了集体的音乐活动，我们还可以运用音乐区来开展活动。在音乐区游戏中，教

师可随意地播放一段音乐,让幼儿随着音乐的开始而开始做动作,随着音乐的结束而停止做动作。按照音乐的节拍、节奏合拍地做动作,使动作协调优美、整齐一致,从而培养幼儿的节奏感。当幼儿有了一定的节奏基础,再在活动区中放置一些乐器,让幼儿运用乐器表演。这样,既丰富了幼儿的乐器演奏技能,更提高了幼儿的游戏兴趣。

第二,音乐游戏中的"玩中学"。例如,音乐游戏《小蝌蚪》,可以利用幼儿的好奇心,在玩游戏的过程中出现一个个的规则,使幼儿自始至终保持极高的兴趣。利用"顿悟说"的认识理论:捕鱼人来了,小蝌蚪们不能在河里玩了,会被捕鱼人用网捉住的,应该快快地游回家,等捕鱼人走了才能再次游出来玩。孩子们对这个游戏规则记得特别牢。

幼儿的生活是游戏的生活,幼儿的积极性、主动性、创造性只有在游戏活动中才能得到最大的调动。

第三节　游戏体验类音乐活动的设计与指导

一、幼儿园游戏体验类音乐活动的类型

音乐游戏是一种有规则的游戏,同时也是以发展学前儿童的音乐能力为目标的一种游戏活动。其特殊性主要表现在游戏和音乐的相互关系上。在音乐游戏中,音乐和游戏是相互促进、相辅相成的。音乐指挥、促进和制约着游戏活动,而游戏动作又能帮助儿童更具体、形象地感受和理解音乐,获得一定的情绪情感体验。因此,音乐游戏是深受儿童喜欢的一种音乐活动。它具有突出的教育作用,集中体现了音乐的艺术性、技能性与儿童的年龄特点和发展水平之间的对立统一。它把丰富的教育要求以生动有趣的游戏形式表现出来,使孩子们在乐此不疲的游戏和玩耍中既掌握了一定的音乐知识和技能,也在不知不觉中渗透了品德教育和审美教育。同时,在愉快而自由的游戏活动中,儿童还获得了更多的积极情绪情感的享受和体验,进一步促进了儿童对音乐活动的稳定兴趣及积极、主动个性的形成。音乐游戏分为以下三类。

(一)听辨游戏

听辨游戏是让幼儿通过用耳朵倾听,获得对声音的感受,培养幼儿对音乐和声音的分辨、判断能力,提升儿童对音乐的高低、强弱、快慢、音色、乐句等的分辨能力和听的技巧,养成听的习惯,是听觉器官与审美培养的重要途径。

听辨游戏与五大要素相关,即音高、力度、节奏、音色、曲式。

1. 听辨音高

听辨音高从 mi、so、la 这 3 个音开始,因为它们是七声音阶中最具稳定性的音高,而且 mi 和 so 的音高与幼儿说话的音调相似,符合幼儿说话像唱歌、唱歌像说话的特点,容易与

他们产生共鸣,因此可从这两个音高开始逐渐扩展到其他音高。

游戏举例:"落叶飘飘"。

游戏规则:听—唱—找,给予幼儿充分的"听"的机会,引导幼儿在唱完歌曲后,听—唱—找树叶。突出听音的环节,然后将音转化为相应的颜色,需要幼儿运用二维特征的思维方式进行思考。根据不同的主题背景,变换游戏的角色、场景,用不同的方式巩固同一目标。

遵循幼儿发展规律,不断加大听辨音高的难度,听辨层层递进:中班上 mi、so、la;中班下 do、re、mi、so、la;大班上 do、re、mi、so、la,加上 fa、Cl;大班下三度音程的听辨。

2. 听辨力度

通俗来说,力度是强和弱、渐强和渐弱,在生活中就蕴含着很多力度的变化。例如,回声是强和弱的表现;军队从远方走来,又逐渐走远,体现了渐强和渐弱的变化。通过听辨、表现力度的变化,能进一步提高幼儿感受、辨析的能力。

游戏举例:"山谷回声真好听"(歌声表现强弱),"神气的解放军叔叔"(感受声音的渐强和渐弱,尝试用动作、图画的方式表现)。

游戏规则:听辨音乐的变化,用歌声、动作、图画表现这种变化。

听辨力度游戏选择的音乐材料要体现出力度的明显的强弱区别或渐变的过程,如"回声"体现了歌声的强和弱两个极端,"神气的解放军叔叔"则体现了声音的渐强和渐弱。应充分利用生活中的材料让幼儿感受力度的变化,使其体验到生活中充满了音乐元素,从而提高听辨的敏感性。

3. 听辨节奏

节奏是音乐的心跳,它在音乐的五大要素中起着至关重要的作用。因此,我们可以通过听辨节奏的游戏帮助幼儿体验和感知这种音乐运动的进程,在游戏中借助语言、动作等将抽象的节奏转化为生动的表现形式。

游戏举例:"春天天气真好"。

游戏规则:听节拍和拍律用不同动作表现。(拍手、跺脚)

游戏设计应注意,选择的音乐需具备旋律规整、节奏不复杂、二拍或四拍的特点,以易于幼儿听辨及操作。由二拍和四拍逐渐向三拍过渡,由易到难。

4. 听辨音色

音色是指乐器所发出的特有的声音或人的嗓音的音质。在音乐领域里,音色是非常丰富的,因为每种乐器都有其独特的音色,在幼儿音乐活动中最常见的就是听辨乐器的音色。

游戏举例:"大鼓和小铃"感受小铃和大鼓的不同音色,用相应身体动作表现。

游戏规则:将听辨出来的不同音色,借助动作、乐器等方式进行表现。

听辨音色不是单纯地就音色而表现音色,势必涉及其他音乐元素,如节奏等,是综合性的活动。

5.听辨曲式

曲式简单地说就是音乐的结构,通常用 A 段、B 段,或者 A—B—A 段等方式来表示音乐的框架,常见的有一段体曲式、二段体曲式、三段体卡农曲式、回旋曲式等。引导幼儿听辨曲式时,可以通过游戏的形式,使其感受音乐的结构。

游戏举例:"找乐句"(两人结伴,听辨乐句做动作,两人合作交替)。

游戏规则:根据听辨乐句、乐段等要求,用动作、语言等表现听到的音乐结构。

还有许多幼儿非常喜欢的音乐游戏,如"什么乐器在唱歌"要求分辨的是各种乐器的音色;游戏"拍蚊子"要求分辨声音的长短,并用身体动作加以反应;"灰太狼和喜羊羊"要求幼儿根据旋律的强弱、快慢及诙谐幽默的风格,用不同的肢体动作进行表现。

(二)节奏游戏

节奏游戏是感知与运动的有机结合,它能调动起全身的各个器官进行参与,使幼儿的注意力集中、判断力增强、自信心增强、能有良好的心态等。节奏是音乐快乐的源泉之一,音乐的节奏来源于生活的节奏,我们或多或少都有过这种感受与体验,走步时忽然听见了轻快的音乐声,自己的步履也随之变得轻快起来;当围着圆圈集体跳舞时,会因动作的一致、合拍则感到集体的力量与欢乐,这正是因为人们的动作是在有节奏的音乐声中进行的,动作与音乐的节拍同步了。由此可见,节奏能力的不断提高,能培养幼儿表现美、感受美的能力,更有助于促使幼儿身心的和谐发展。对幼儿来说,除了口说、手拍及一些形象性的语言节奏外,还可以充分运用身体的各个部分来感受不同节奏。拍手、跺脚、晃身体等都是让幼儿身体来感受节奏很好的活动。在幼儿的眼中,自己的身体不仅能自己支配,还可以发出好听的响声,这样的活动他们非常乐意参与,节奏游戏是最直观、最能激起兴趣、最容易被幼儿掌握的活动。

例如,"节奏大师来闯关"要求按照音乐节奏用不同的方式表现;"老鼠运鸡蛋"要求幼儿按"接、握、放、给"的节奏与同伴合作游戏。

(三)韵律游戏

韵律游戏是跟随音乐进行的,运用身体动作的造型、协调来表现音乐的游戏活动。开展韵律游戏的时候应注重以音乐为主,语言为辅助,充分调动幼儿的自主性与合作性,以促进幼儿身体运动能力和协调性的发展,培养幼儿对音乐的感受力、表现力和创造力。

例如,"套圈"是三人合作韵律游戏,在边唱边玩中,感受合作游戏的快乐;"小乌龟出来了"要求幼儿根据音乐进行创意性的动作表现;游戏"起床身体总动员"是在幼儿午睡起床时,在轻柔的音乐中伸伸腿、伸伸胳膊、伸个懒腰,引导刚从梦中醒来的幼儿跟随音乐动作唤醒自身后再起床,此游戏不仅适用于 3～6 岁的幼儿,也适用于 3 岁前的幼儿在家庭里开展。

二、幼儿园游戏体验类音乐活动的设计思路和基本环节

(一)音乐游戏的设计思路

音乐游戏是融合音乐和游戏为一体的艺术形式,音乐教育中融合游戏教学,游戏教学又依赖于音乐教育,两者是一种相辅相成的关系。音乐游戏的设计是否科学合理,不仅是有效达成教育目标的重要保障,也是幼儿在音乐游戏中保持身心舒适愉快的决定因素之一。

幼儿最大的心理特点就是对新鲜事物感兴趣,教师可抓住这一心理特点,巧妙地设计音乐游戏的内容和形式。在内容上,要选择生动活泼、略带故事情节的音乐,并可适当改编;在教学环节上,要注意考虑幼儿注意力持续时间不长的年龄特点,不能一个内容开展太长时间,而要用多种形式吸引幼儿;在游戏环节上,要注意增加幼儿的参与性,通过表演等形式,切实做到引导和鼓励幼儿自由表达和自主创新。对于故事性音乐,要引导和鼓励幼儿放飞想象的翅膀,大胆想象,用相应的表情、动作等去表达自己的感受。

(二)音乐游戏的基本环节

(1)讲故事(为音乐配相应的故事):多数情况下都需要先设计一个特定年龄幼儿感兴趣的故事(但并非必须要有故事,也可直接切入主题)。故事讲述有 3 个要求:一要简洁,一般在 1 分钟内讲完;二要突出重点;三要生动感人。故事必须从音乐的框架及幼儿的生活经验中来。1 分钟之内,语言需精确、精练,能表达关键的情节冲突过程。让幼儿感兴趣的前提是该年龄段幼儿有相关的生活经验;使用的语言和表达方式是他们所能理解的;具有一定的新鲜感。

(2)听音乐(感受音乐风格):引导幼儿感受音乐的结构、节奏、风格。

(3)做动作(为音乐匹配相应动作):刚开始动作数量相对较少,变化频率相对较适宜(八拍或四拍一换)。可采用教师规定的动作,也可采用幼儿创编的相应动作。教师为幼儿选择的动作不要太多,动作交替不要太快,

(4)加挑战:此环节可增加难度,如创造性表达、道具等,由一个维度的难度开始逐渐增加。

三、幼儿园游戏体验类音乐活动的指导要点与注意事项

(一)指导要点

1.处理好规则与自由的关系

音乐游戏是规则游戏,处理好规则与自由的关系,可以让儿童在愉快的音乐游戏中获得满足感。儿童的音乐感知、参与和创作均能在游戏中完成,享受与同伴交往的乐趣,掌握一些音乐的表达方式,感受肌肉控制能力的快乐音乐游戏由玩法和规则构成,教师较难把握教

与学的度,容易留下教的痕迹而影响幼儿游戏的自由度;音乐游戏的特性决定幼儿在游戏中容易出现过度兴奋,产生冲突等现象,能否将幼儿的情绪保持在适度舒适的兴奋状态,对教师来说也是一个挑战;可借鉴的经验和方法甚少,教师在设计组织音乐游戏时感到困难较大,在游戏中如何围绕玩法、规则处理好教与学的关系是指导的关键。这些都是需要我们思考和关注的。

2.解决好空间认知的难点

对幼儿来说,空间认知是一个难点。因为空间方位是参照课题的方位而言的,所以需要利用标识帮助幼儿形成以自身为参照标准的左右方位感。标识通常有三类:腕饰、胸饰、头饰。从幼儿自我管理和提醒的角度来看,选择的顺序应为首选腕饰,次选胸饰,最后才选头饰。

3.师幼互动与幼幼互动相结合

音乐游戏的开展很大程度上需要合作,在这个过程中,教师担任动作的发起者,可以采用教师和幼儿合作示范,让幼儿明白游戏玩法、合作任务,再进入幼儿与幼儿合作阶段,通过能力存在差异的两对幼儿合作情况来判断全班幼儿参与合作的可能性,如果能力较弱的一对幼儿都能顺利合作,那么全班幼儿都参与合作游戏就能实现。

(二)注意事项

1.多种策略,促进幼儿全面发展

音乐是描绘情感的艺术,幼儿要从音乐中获得美的熏陶,从游戏中获得快乐,就需要通过多种途径去体验和表达。在游戏中,教师需将自己的情绪情感调控在与目标和作品相匹配的状态上,与音乐和幼儿发生共鸣。教师通过眼神、表情、动作等肢体语言来引导幼儿,通过音乐游戏中的对比游戏策略、设疑激趣策略、竞赛性策略等,引导幼儿投入游戏,提升幼儿对音乐五大要素的感受及表现能力、音乐审美能力,同时,幼儿倾听能力、探索兴趣、自主发现能力、动作协调能力、思维能力,合作能力、自制力等非音乐素质方面也会得到很好的发展。

2.巧妙融合,激发幼儿的创造性

音乐游戏是符合幼儿生活经验、个体需求的有趣活动。如果教师自身缺乏创造性,就无法实现幼儿在音乐游戏中实现自主创新和自由表达。一定要避免重音乐技能的培养和提升,忽视游戏环节对幼儿音乐学习和体验的作用,也不能走向另一个极端,只关注游戏组织,而忽视音乐功能。教师在音乐游戏中,应促进幼儿自主探索,调动各种感官协同活动,如耳听、脑思、口唱、手动、脚跺,为幼儿的创作奠定基础。

参考文献

[1]杨丽,李思儒.学前教育音乐教学实践研究[M].吉林出版集团股份有限公司,2020.04.

[2]许卓娅.学前儿童艺术教育[M].上海:华东师范大学出版社,2020.11.

[3]黄承承,左丽君.学前儿童音乐教育[M].南昌:江西高校出版社,2020.06.

[4]陈瑶.学前儿童音乐教育[M].北京:原子能出版社,2020.07.

[5]周骏,朱欲晓.奥尔夫音乐教育[M].南京:南京大学出版社,2020.08.

[6]夏志刚.学前教育基础乐理教程[M].长沙:湖南文艺出版社,2020.07.

[7]黄倩芳.奥尔夫音乐教育[M].重庆:重庆大学出版社,2020.08.

[8]孙玉柱,丁爱华,王阳.声乐基础与儿歌演唱教学[M].南京:南京大学出版社,2020.07.

[9]宋薇.学前儿童音乐教育与培养[M].北京:现代出版社,2019.04.

[10]王晨辉,王晨光.学前教育艺术综合教程[M].南昌:江西高校出版社,2019.01.

[11]吕一中.新时代背景下学前教育发展研究[M].北京:北京理工大学出版社,2019.11.

[12]于丽.奥尔夫音乐教学法[M].西安:西北大学出版社,2019.07.

[13]袁媛,徐丽琴,张满.学前儿童艺术教育与活动指导[M].昆明:云南美术出版社,
    2019.07.

[14]王艺蓓.音乐教育与实践探究[M].长春:吉林人民出版社,2019.12.

[15]富宏.幼儿园音乐教育活动设计与实施[M].北京:北京理工大学出版社,2019.03.

[16]赵静.音乐学前教育的教学理论与实践指导[M].北京:中国书籍出版社,2018.05.

[17]滕宇,王艳红.学前教育原理与实践[M].北京:北京理工大学出版社,2018.08.

[18]关虹,李素霞.学前儿童游戏理论与实务[M].天津:天津大学出版社,2018.12.

[19]常宏.学前教育理论分析与课程开发研究[M].青岛:中国海洋大学出版社,2018.01.

[20]马山雪.学前声乐基础教程[M].沈阳:沈阳出版社,2018.01.

[21]齐小莹.学前儿童音乐舞蹈教学实践[M].延吉:延边大学出版社,2018.10.

[22]严小琴,吴树燕.学前声乐教学的创新与探索[M].长春:吉林文史出版社,2017.06.

[23]李昕昕.奥尔夫音乐教学与应用[M].北京:北京工业大学出版社,2017.11.

[24]孙莹,张白雪,李雁.浅谈音乐教育[M].成都:电子科技大学出版社,2017.08.

[25]葛玉芳.动感取向幼儿园音乐教学变革的实践探索[M].杭州:浙江教育出版社,
    2017.10.

[26]李淑君.学前儿童音乐教学原理与实践探究[M].哈尔滨:哈尔滨工业大学出版社,
    2017.09.

[27]王丹.奥尔夫音乐在幼儿园一日活动中的应用与实践[M].长春:东北师范大学出版社,
2017.03.

[28]贺绍华,邓文静.学前儿童音乐教育[M].北京:中央广播电视大学出版社,2017.08.

[29]赵静.音乐学前教育的教学理论与实践指导[M].北京:中国书籍出版社,2018.05.

[30]沈玉萍.学前儿童音乐教育[M].南京:南京大学出版社,2018.06.

[31]周燕.学前儿童艺术教育音乐[M].南京:河海大学出版社,2018.10.